PERLAS

DE MAMÁ

Sylvia Villaseñor

Publicado por Hemingway Publishers
Diseño de portada por Hemingway Publishers
ISBN: Impreso en Estados Unidos

CONTENIDO

Dedicatoria

A mi madre, una estrella guía a quien nunca conocí verdaderamente, pero que siempre he sentido a mi lado.

A través de las historias de quienes te amaron, encontré fragmentos de tu espíritu: fortaleza, resiliencia y un amor sin límites.

Este libro es para ti, mi faro de inspiración y la brújula eterna de mi corazón. Has moldeado mi vida de maneras que las palabras no pueden expresar por completo, y esta historia, nacida del viaje de nuestra familia, es mi manera de honrarte.

Reconocimiento

Escribir estas memorias ha sido un viaje a través de recuerdos, tanto dulces como agridulces, y estoy profundamente agradecido(a) con quienes han sido parte de mi historia.

A mi familia, cuyo apoyo inquebrantable y amor han sido mi fundamento—cada uno de ustedes ha desempeñado un papel esencial en la persona que soy hoy. Mis hermanos, quienes compartieron cargas y celebraron alegrías a mi lado, han sido mi fortaleza y mis luces guías. A través de pruebas y triunfos, hemos permanecido unidos, y siempre estaré agradecido(a) por el vínculo que compartimos.

A mis amigos y seres queridos, gracias por creer en mí, por escuchar mis historias y por alentarme a contarlas. Su apoyo ha sido invaluable en este camino.

A quienes abrieron sus corazones y compartieron sus recuerdos, historias y sabiduría—gracias. Sus relatos han dado mayor profundidad a estas páginas y han permitido una comprensión más completa de la historia de nuestra familia.

Finalmente, a mis lectores, gracias por acompañarme en este viaje a través de generaciones pasadas y legados familiares. Que este libro sirva como un recordatorio de la resiliencia que se encuentra en los lazos familiares y la fortaleza que podemos extraer de nuestras raíces.

Sobre el autor

Sylvia Villaseñor nació en Los Ángeles, California. Es hija de inmigrantes que se mudaron a los Estados Unidos desde México a mediados de la década de 1950. En 1985 obtuvo una licenciatura en Ciencias y una licencia de Bienes Raíces, y trabajó como oficial de préstamos hipotecarios durante treinta años. En 1988 se casó con su novio de la universidad, y juntos criaron a tres hijos. Ahora está jubilada y ha escrito dos memorias y un libro infantil sobre su infancia en el centro-sur de Los Ángeles con su padre viudo y seis hermanos, en el que describe en detalle los desafíos que enfrentó su familia como una familia de primera y segunda generación de inmigrantes. Estas experiencias le dieron el ánimo y la resiliencia para superar los obstáculos y lograr la vida que su padre soñó para su familia.

Introducción

El peso del mundo a menudo descansa sobre un solo par de hombros. En este caso, los de mi padre. Su espalda, una hoja de ruta de trabajo, llevaba las cicatrices de un viaje que abarcó continentes y culturas. No solo llevaba consigo sus propios sueños, sino también las esperanzas de toda una familia. Su historia es un testimonio del espíritu humano perdurable, un plan de supervivencia grabado en el corazón del sueño americano.

Estas memorias cuentan la historia real de mi padre y sus hijos, capturando la esencia de una familia inmigrante típica y con el objetivo de resonar con personas de todo el mundo. Estados Unidos, una tierra construida por inmigrantes, siempre ha sido un faro para aquellos que buscan una vida mejor. Mucho antes de que cualquiera de nosotros llegara, los indígenas eran los habitantes originales. Con el tiempo, este país ha dado la bienvenida a las almas valientes que vienen primero para allanar el camino para ellos y sus familias. Mi padre era una de esas almas valientes.

Llegó aquí con sueños de una vida mejor, haciendo innumerables sacrificios por nosotros, sus hijos. Como la menor de siete hermanos, me sentí obligada a escribir sobre lo que le sucedió, tal vez para comprender mis raíces y honrar la fuerza y el coraje que encarnaba. Esta historia no es solo sobre él, sino también sobre cómo su viaje nos moldeó y cómo continuamos llevando su antorcha.

Cuando nos mudamos aquí por primera vez, éramos solo niños,

sin darnos cuenta de los sacrificios que él y mi madre hicieron. Vivíamos un día a la vez, ajenos a los desafíos que se avecinaban. Fue solo a medida que crecimos que comenzamos a ver las oportunidades que él creó para nosotros. Las puertas comenzaron a abrirse lentamente; solo tuvimos que entrar y aprender el oficio. En la década de 1960, tales oportunidades eran inimaginables en México, donde las mujeres se casaban jóvenes, se quedaban en casa y tenían hijos. Independientemente de si sus maridos resultaran buenos o malos, se mantenían firmes. Mi papá no quería eso para nosotros. Vio cómo las mujeres sufrían en los pueblos pequeños, a veces volviendo a vivir con sus padres, hacinadas en una habitación con cuatro o cinco hijos. "No, no, no", dijo, "no quiero eso para mis hijos".

A pesar de que su corazón estaba endurecido por sus propios problemas, ahora que he crecido, puedo sentir su dolor. Llevó el peso de nuestro futuro sobre sus hombros, decidido a brindarnos una vida de oportunidades y libertad. Sus sacrificios sentaron las bases de nuestro éxito, y su determinación inquebrantable nos enseñó el valor de la perseverancia.

Mamá debe haber sido una persona testaruda porque nuestra abuela materna les contaba a mis hermanas mayores historias sobre su espíritu indomable, su fuerza y cómo enfrentó cada desafío con valentía. Se podía ver una chispa en sus ojos cada vez que hablaba de mamá, un rayo de orgullo por su hija. Me pregunto si mi madre se parecía a su madre. Puedo imaginar a mi madre, dibujándola en mi mente con cada detalle que mi abuela compartía sobre ella. Esta descripción de su personalidad está grabada en mi mente, y me aferro a ella como una pintura preciosa.

Deja un vacío en mi corazón el hecho de que ella no vivió más, me habría encantado haber creado algunos recuerdos con ella para atesorar después de su partida. Todo lo que tengo son historias de su fuerza, sacrificios y compromisos que hizo: estar con mi padre, casarse a una edad muy temprana y tener siete hijos.

Recuerdo los ojos cansados de mi padre, a menudo llenos de una mezcla de agotamiento y determinación inquebrantable. Su risa, aunque rara, era un sonido apreciado, un atisbo momentáneo de la alegría que mantenía oculta bajo el peso de sus cargas. Mi padre era un buen hombre, pero su época no fue buena.

Cada uno de mis hermanos fue un pilar de apoyo y desempeñaron su papel en la formación de la persona en la que me convertiría. Sus luchas y triunfos se entretejieron en el tejido de nuestra familia, cada hilo es un testimonio de nuestra resiliencia colectiva. La naturaleza protectora de mi hermano, el espíritu cariñoso de mis hermanas y el vínculo tácito que compartíamos crearon un santuario de amor y comprensión. Cada mirada, cada palabra y cada momento que pasamos juntos se convirtió en una perla de sabiduría que me guio a través del laberinto de la vida.

A través de estas memorias, espero inspirar a los inmigrantes de primera generación y recordarles a las generaciones posteriores su herencia. Al compartir el viaje de nuestra familia, mi objetivo es fomentar la empatía y la compasión por aquellos que recién comienzan su viaje. Esta es una historia de amor y pérdida; del vínculo inquebrantable de la familia y las dificultades para lograr las metas; con la intención de inspirarnos y recordarnos a todos el poder de los sueños y los sacrificios que se hacen para lograrlos. Cada página es un tributo al espíritu perdurable de los inmigrantes, una crónica de nuestras luchas y triunfos, y una celebración del legado que construimos para las generaciones futuras. Que estas memorias sirvan como un faro de esperanza y un recordatorio de que el sueño americano es un tapiz tejido con los hilos de innumerables historias como la nuestra.

El libro se desarrolla en tres secciones distintivas, cada una de ellas revela diferentes facetas de nuestra historia y las lecciones aprendidas en el camino. La primera sección, "Los fundamentos", profundiza en los aspectos fundamentales de la historia de nuestra familia, explorando nuestros comienzos, los personajes influyentes que dieron forma a nuestras vidas y los entornos que dieron forma a nuestra educación y lecciones de vida iniciales.

En la segunda sección, "El tapiz emocional", profundizo en los aspectos emocionales de nuestro viaje. Aquí, relato las pruebas y tribulaciones que enfrentamos como familia, incluidas las luchas emocionales y los momentos significativos de conexión que fortalecieron nuestros vínculos. Reflexionar sobre nuestro crecimiento, tanto individual como familiar, revela profundas realizaciones que surgieron de la superación de nuestros desafíos.

La sección final, "Perlas de sabiduría", destila los mensajes fundamentales de amor, fortaleza y coraje que definen la experiencia de nuestra familia. Comparte historias de cómo el amor guio nuestras decisiones, instancias en las que la determinación resultó crucial y reflexiones sobre cómo transmitir estas perlas de sabiduría a las generaciones futuras. Cada sección ofrece conclusiones prácticas e inspiradoras, animando a los lectores a aplicar estas lecciones en sus propias vidas.

He compilado este libro en nueve capítulos. Cada sección ofrece una mirada en profundidad a los primeros días de nuestras vidas como inmigrantes, para superar las luchas con diligencia y esperanza de un mañana mejor. En la introducción, tendrás una idea de por qué escribí este libro y la importancia de "Las perlas de mamá". Compartiré mi corazón y mi alma contigo, ofreciendo un vistazo al viaje que estamos a punto de emprender juntos. Verás cómo los temas de amor, fuerza y valor se entretejen a través de mi historia, preparando el escenario para los capítulos que se avecinan.

El primer capítulo, "El comienzo de la autora", se centra en los detalles de los personajes que conocerás en este libro, entendiendo mi vida y las figuras clave que han dado forma a mi viaje. En el segundo capítulo, "Personajes clave", te llevaré de vuelta a mis primeros años de vida. Aprenderás sobre mis antecedentes familiares, mis experiencias de la infancia y el importante papel que desempeñó mi madre en la formación de mis valores y mi perspectiva de la vida. El tercer capítulo, "Preparando el escenario", te teletransportará a los desafíos de la vida de los inmigrantes y la dinámica cultural de mi comunidad. Obtendrás una imagen vívida del mundo en el que crecí.

El cuarto capítulo, "Pruebas y tribulaciones", explica las luchas emocionales y los momentos difíciles que soportamos, ofreciendo un retrato crudo y honesto de mi fortaleza. En el quinto capítulo, "Momentos de conexión", destacaré momentos significativos de unión y comprensión entre mi madre y mi padre, así como momentos desafiantes debido a su ira y desesperación como padre soltero viudo de siete hijos. El sexto capítulo, "Reflexionando sobre el crecimiento", ofrece una imagen de crecimiento y descubrimiento, reflexionando sobre el poder transformador de la determinación y las lecciones que aprendí a través de los duros desafíos de la vida.

El séptimo capítulo, "El amor como fuerza guía", ofrece conclusiones prácticas e inspiradoras para mis lectores, enriquecidas por mis experiencias personales sobre la fortaleza familiar, el amor, las dificultades y el nunca rendirse.

En el octavo capítulo, "Fuerza en la adversidad", descubrirás casos en los que la fuerza y la persistencia eran, además de cruciales, las únicas opciones disponibles. A través de algunos momentos difíciles y descubriendo cómo salir adelante, mi vida muestra cuán fuertes podemos ser cuando lo necesitamos. En el capítulo final, "Transmitiendo las perlas", hablaré sobre por qué es tan importante compartir lo que hemos aprendido y ayudar a otros a crecer. Hay algunos consejos prácticos sobre cómo transmitir estas lecciones a las generaciones futuras para que el legado del amor y de mantenerse testarudo en el amor continúe.

Al ser la menor de siete hermanos, con cinco hermanas mayores y un hermano, aprendí mucho de las experiencias de mis hermanos:

qué hacer y qué no hacer. Observé de cerca sus elecciones, viendo qué funcionaba para ellos y qué no. Aunque cometí mis propios errores en el camino, siempre supe que estábamos mejor aquí en los Estados Unidos que en nuestro país de origen. Si bien amamos y admiramos profundamente a nuestra madre patria, mi papá tenía una visión clara para nosotros: mejores oportunidades, mejor educación y la oportunidad de que todos nosotros, especialmente las mujeres, seamos autosuficientes. Él quería que tuviéramos la capacidad de mantenernos a nosotros mismos y a nuestras familias, independientemente de nuestras circunstancias.

Trabajé duro para lograr las metas que mi papá nos propuso. A pesar de los desafíos y las dificultades que enfrentamos, mi padre se mantuvo firme en su creencia de que Estados Unidos nos ofrecía la oportunidad de un futuro mejor. Su determinación y sacrificios, a pesar de las dificultades que encontró, siempre estuvieron arraigados en su deseo de brindar lo mejor a sus hijos.

Nunca conocí realmente a mi madre porque falleció cuando yo tenía solo cuatro meses. A pesar de esta tremenda pérdida, fuimos afortunados de una manera que muchos otros no lo son. Miembros cercanos de la familia intervinieron, nos llevaron a sus casas y ayudaron a mi papá a criarnos. Mi padre proporcionó una base sólida sobre cómo debemos vivir nuestras vidas, haciendo hincapié en trabajar por nuestra fe. Sí, él creía que si trabajas de manera inteligente y te mantienes decidido, realmente puedes cambiar tu propio futuro.

Criados como católicos, nos mantuvimos cerca de la Iglesia,

basando nuestras creencias en los valores cristianos. Nuestras vidas dieron un giro significativo cuando dejamos a esos miembros de la familia que nos apoyaron y regresamos a los Estados Unidos para vivir con mi padre. Fue entonces cuando comenzaron los verdaderos desafíos. De repente, éramos siete niños con un padre soltero que luchaba por llegar a fin de mes. Su frustración era palpable, especialmente cuando perdió su trabajo. Mis hermanos mayores —el mayor de apenas diecisiete años— tuvieron que dar un paso al frente. Comenzaron a trabajar mientras continuaban su educación, tratando de ayudar a mantener a nuestra familia a flote.

Cuando era niña, absorbí todo esto. A los ocho años, sentí su dolor y tensión. Fue una época en la que mi infancia se vio ensombrecida por el peso de nuestras luchas. Jugar al aire libre era un escape, pero volver a casa significaba enfrentarse a la dura realidad. A menudo me preguntaba cómo podía ayudar, pero todo lo que podía hacer era tomar las cosas un día a la vez, viendo a mis hermanas irse de casa a edades tempranas, pensando que podrían encontrar una vida mejor casándose jóvenes, incluso enamorándose y formando sus propias familias.

Sin embargo, sus matrimonios precoces a menudo condujeron a tiempos difíciles. A la edad de nueve o diez años, ya sabía que no quería esa vida para mí. Quería algo mejor. Quería quedarme en la escuela para prepararme para que, si alguna vez me enfrentaba a las mismas dificultades que mi padre, estuviera lista para valerme por mí misma. Al observar a mis hermanas, no solo vi sus dificultades, sino también su increíble fuerza. Enfrentaron sus desafíos de frente, convirtiéndose en los pilares de sus hogares.

Una de mis hermanas soportó un matrimonio caótico con un esposo joven y rebelde que luchaba contra el desempleo y la depresión. A pesar de esto, trabajó incansablemente en Pacific Bell, convirtiéndose finalmente en una vendedora exitosa y brindando una buena vida a sus hijos. Nunca se dio por vencida con su esposo, apoyándolo hasta que finalmente se recuperó. Su resiliencia fue un testimonio de la fuerza que nuestro padre nos había inculcado.

Otra hermana se divorció y crio sola a sus dos hijos. Se enfrentó a la terrible experiencia de su hijo luchando contra el cáncer, pero nunca vaciló y se dedicó a apoyar a su familia y ayudar a los demás. Se convirtió en un salvavidas para las familias hispanas en el Children's Hospital, ayudándolas a navegar por el complejo sistema de atención médica y a obtener ayuda financiera. Incluso ahora, jubilada, sigue ayudando a los necesitados, asistiendo a los inmigrantes de otros países. Ver a estas mujeres fuertes en mi vida me inspiró y me mostró que yo también podía superar cualquier obstáculo. Su determinación y apoyo reforzaron mis sueños, asegurándome que estaría bien sin importar lo que la vida me presentara.

Estas memorias no son solo una historia de las luchas y triunfos de mi familia; son un tributo a la resiliencia y el amor que definieron nuestras vidas. A través de las lecciones de "Las perlas de mamá", espero inspirar a otras personas que enfrentan desafíos similares, ofreciendo un mensaje de esperanza, fortaleza y el poder perdurable de la familia.

A menudo me encuentro pensando en mis nietos, en la alegría que traen a mi vida y en lo diferente que se siente en comparación con cuando criaba a mis propios hijos. En aquel entonces, no siempre estaba presente. El trabajo exigía mi tiempo y no podía ser la madre que quería ser en todo momento. Ahora, con mis nietos, tengo la oportunidad de saborear los momentos que me perdí con mis hijos. Pero más que eso, quiero dejar un legado escrito para ellos, algo tangible que cuente la historia de nuestra familia, que se remonte a través de las generaciones.

Cuando reflexiono sobre mi vida, me doy cuenta de lo poco que a menudo sabemos sobre la vida de nuestros abuelos. Los conocemos, pero muchas de sus historias y los detalles de sus viajes permanecen ocultos, sin ser contados. Imagínate si tuvieras un libro escrito por tu abuela, lleno de las experiencias y lecciones que aprendió. Estas memorias son mi regalo para mis nietos y sus hijos, una forma de que sepan realmente de dónde vienen y el viaje que ha dado forma a nuestra familia.

A medida que pinto el lienzo con nuestra historia, ofreciendo detalles intrincados, espero inspirar a otros, tanto a los inmigrantes que navegan por sus propios viajes como a los nacidos aquí, a apreciar los sacrificios hechos por tantos para construir una vida mejor y fomentar la empatía y la comprensión entre las comunidades.

"Las perlas de mamá" es un libro de memorias sincero que narra el viaje de mi padre y nuestra familia como inmigrantes en los Estados Unidos. Es una historia que resuena con las experiencias de muchos que han buscado una vida mejor en una nueva tierra. La decisión de mi padre de dejar su tierra natal fue impulsada por sueños de oportunidades y un futuro mejor para sus hijos. Como la testigo más joven de todas las dificultades que el tiempo nos arrojó, durante mucho tiempo me he sentido obligada a documentar el valiente viaje de mi familia y el profundo impacto que tuvo en nuestras vidas.

A lo largo de la narración, "Las perlas de mamá" simboliza la sabiduría y los valores transmitidos por mi madre: la guía a través de los desafíos de nuestra experiencia de inmigrante. Estas perlas encapsulan lecciones de vida invaluables que dieron forma a nuestra resiliencia y unidad como familia. Son un testimonio de la influencia duradera de mi padre, quien desempeñó un papel fundamental en nutrirnos y apoyarnos a lo largo de nuestro viaje.

Capítulo 1
El comienzo de la autora

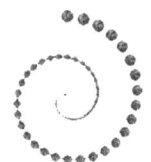

Te imaginas el dolor de un niño que crece sin su madre? Mi madre falleció cuando yo era muy joven, dejando tras de sí un vacío que nunca se ha llenado del todo. Su ausencia es un dolor constante en mi corazón, un recordatorio persistente del amor maternal y la guía que perdí demasiado pronto y de la que realmente nunca gocé. A pesar de este vacío, su espíritu sigue vivo en las historias que mi abuela materna y Nina José, la hermana de mamá, compartieron con nosotros, pintando un cuadro vívido de una mujer cuya vida fue un hermoso tapiz de coraje, amor y sacrificio desinteresado.

Mi madre era la mayor de sus hermanos y, en muchos sentidos, era como una segunda madre para ellos. Desde muy joven, dio un paso al frente para ayudar a su propia madre, cuidando de sus hermanos menores con una amabilidad y un sentido de la responsabilidad que desmentían sus años. Ella era la que calmaba a un niño que lloraba, vendaba una rodilla raspada y ofrecía un abrazo reconfortante en momentos de angustia. Su naturaleza cariñosa era un faro de calidez y estabilidad en un hogar a menudo ensombrecido por las dificultades.

Al crecer en un pequeño pueblo suburbano, las oportunidades de educación de mi madre estaban limitadas por los rígidos tabúes ortodoxos de la época. En sus tiempos, rara vez se alentaba a las niñas a seguir la escuela más allá del sexto grado. La educación secundaria y el bachillerato se consideraban innecesarios y, a menudo, poco prácticos, ya que implicaba viajar a la ciudad o mudarse a otro estado. Para la mayoría de las familias, esto no era una opción. Sin embargo, a pesar de estas barreras, mi madre sobresalió en sus estudios hasta el punto en que se lo permitieron. Aprendió a leer y escribir notablemente bien, un testimonio de su inteligencia y determinación.

Sus primeros años fueron un constante acto de equilibrio entre sus deberes en casa y su deseo de aprender. A menudo se quedaba despierta hasta altas horas de la noche, estudiando detenidamente sus libros escolares a la tenue luz de una lámpara de aceite mucho después de que sus hermanos se hubieran dormido. Su sed de conocimiento era insaciable y se enorgullecía de su capacidad para leer y escribir. Para ella, estas habilidades no eran solo logros académicos; eran un salvavidas, una conexión con un mundo más allá de los confines de su pequeña ciudad.

A medida que crecía, las presiones de las expectativas sociales pesaban mucho sobre ella. El matrimonio precoz era un destino común para las niñas de su comunidad, y mi madre no era una excepción. Se enfrentó a estos desafíos con la misma fuerza y gracia que la habían definido desde la infancia. Incluso mientras navegaba por las complejidades de la vida adulta, siguió siendo un pilar de apoyo para su familia, siempre dispuesta a echar una mano o a escuchar.

En muchos sentidos, la vida de mi madre fue una serie de sacrificios. Dejó sus sueños en suspenso para cuidar de su familia, mantener las tradiciones y cumplir con los roles que se esperaban de ella. Sin embargo, en cada historia que contaba mi abuela, había un hilo de desafío silencioso, una sensación de que mi madre nunca renunció realmente a sus aspiraciones. Encontró formas de educarse, crecer e inspirar a quienes la rodeaban a pesar de las limitaciones que se le imponían.

En la época en que vivió mi madre, los matrimonios precoces de las mujeres eran una práctica común y a menudo esperada, impulsada por una compleja red de factores sociales y culturales. Las normas ortodoxas y las costumbres tradicionales dictaban que las mujeres jóvenes se casaran a una edad temprana, lo que refleja las presiones sociales profundamente arraigadas y los valores patriarcales. Estas primeras uniones no fueron solo una cuestión de elección personal, sino que estuvieron influenciadas por las limitadas oportunidades disponibles para las mujeres y las necesidades económicas de la época.

Sin embargo, en el pequeño pueblo donde vivía mi madre, la vida era una mezcla de trabajo duro y deberes familiares, y mi madre estaba en el centro de todo. Tan pronto como ella y sus compañeros tuvieron la edad suficiente, aceptaron trabajos en la fábrica: "la planta", como todos la llamaban. Estos trabajos eran más que solo trabajo; eran salvavidas, ofrecían estabilidad y la promesa de continuidad, ya que podían transmitirse a hermanos o hijos. Mi madre, siempre diligente, compaginaba su trabajo en la planta con las mañanas dedicadas a nuestro negocio familiar, trabajando de seis a diez. ¿Te imaginas la gran determinación que se necesitó para hacer malabarismos con estos papeles? Sus conexiones con vecinos y amigos eran fuertes, construidas a través del trabajo compartido y el apoyo mutuo. Esas horas de la mañana no eran solo de negocios; trataban sobre la comunidad y los lazos que unían a todos.

Cuando mi madre se casó a los veinte años, asumió el papel de esposa y madre con la misma dedicación que aportó a su trabajo. En nuestro pueblo, el camino de una mujer era claro: casarse joven, formar una familia y dedicarse a su hogar. Ser soltera a los veintiún años era casi escandaloso, un signo de ser una "solterona". Pero sin importar estas presiones, mi madre abrazó sus deberes domésticos de todo corazón. Por lo que me dicen mis hermanos mayores, era una madre fantástica, su amor y cuidado eran evidentes en todo lo que hacía. Ella siguió la guía de mi padre, asegurándose de que nuestra familia superara los desafíos de la vida con unidad y fortaleza. ¿Cómo se las arregló para equilibrar tanto, para dar tanto de sí misma todos los días? Mi padre no era perfecto, pero siempre hizo todo lo posible para cuidar de nuestra familia. En México, trabajó incansablemente para proveernos, pero las oportunidades eran limitadas y sabía que no podía ofrecernos la vida que soñaba. Mudarse a los Estados Unidos fue su forma de darnos la oportunidad de algo mejor, aunque eso significara comenzar de nuevo en una tierra extranjera. Trabajó aún más duro una vez que llegamos, impulsado por la necesidad de asegurarse de que nuestro futuro fuera más brillante que el pasado que dejó atrás. Sus sacrificios y determinación fueron impulsados por el amor y la esperanza, incluso cuando las probabilidades parecían estar en nuestra contra.

Tenía solo cuatro meses cuando perdí a mi madre. No puedo conectarme con ella de la manera en que la mayoría de la gente puede hacerlo con sus madres porque, para mí, ella nunca estuvo allí. Nunca recuerdo haberla tenido a mi lado. Nunca sentí su presencia reconfortante ni escuché su voz tranquilizadora después de eso. El vacío que dejó fue enorme, un abismo en mi joven corazón. Después de su muerte, nos enviaron a México, donde mi tía, Nina José, se convirtió en lo más parecido que tuve a una madre. Ella entró en la brecha con un amor feroz y una dedicación inquebrantable a nuestro bienestar.

Mi tía, Nina José, y mi abuela materna, con quien vivimos hasta su fallecimiento cuando yo tenía cinco años, se convirtieron en nuestros pilares de fortaleza. Sin embargo, fue Nina José quien realmente cumplió el papel maternal. Era un torbellino de actividad, siempre ocupada asegurándose de que estuviéramos a salvo y de que nada ni nadie pudiera hacernos daño. Su amor era un escudo, su presencia una fortaleza. Pero incluso en su ajetreo, se aseguró de que nos conectáramos con la comunidad que nos rodeaba. Nos animó a hacernos amigos de los vecinos y sus hijos, creando una apariencia de normalidad en una vida que había sido desarraigada y cambiada para siempre. Mi Nina José podría haber sido diferente de la madre que nunca conocí, posiblemente más cautelosa y protectora, pero a través de ella, sentí la conexión más cercana con la mujer que me dio la vida. Sus esfuerzos por protegernos y su apertura al mundo que nos rodea eran sus formas de querernos, de tratar de llenar el enorme vacío dejado por la ausencia de mi madre.

Cuando era niña, tuve dos sueños sobre mi madre, y esos sueños se sienten tan reales como el aire que respiro. Me acercaron a ella, una mujer que no recuerdo. En estos sueños, me encuentro en una hermosa hacienda de estilo español, con sus paredes blancas brillando bajo el sol y una fuente burbujeando serenamente afuera. El escenario es siempre el mismo, como una escena congelada en el tiempo. Me siento junto a la fuente, esperando con mis hermanas, con el corazón latiendo con expectación. Cuando mi madre finalmente emerge, mis hermanas corren hacia ella, abrazándola y besándola con el fervor del amor perdido hace mucho tiempo. Pero me quedo atrás, escondiéndome detrás de sus faldas, sintiendo una mezcla de miedo y timidez. Me instan a abrazarla, a abrazar a la mujer que me dio la vida, pero no me muevo. Ella ve mi vacilación y les dice que me dejen, su voz es tranquilizadora y amable. Está bien, dice, y en ese momento siento una conexión, frágil pero profunda.

En otro sueño, regresamos a la misma hacienda. La fuente sigue cantando su suave canto, y esperamos una vez más. Esta vez, mi madre sale de casa con rulos en el cabello, con el rostro encendido de sorpresa. "¿Qué haces aquí?", pregunta, con un dejo de risa en su voz. Mi hermana explica que vinimos a verla y sonríe, aunque sus ojos revelan un apuro. "No podemos quedarnos mucho tiempo", dice, "me estoy preparando para una cena". Nos quedamos un ratito, saboreando los breves momentos que tenemos con ella antes de tener que irnos. Estos sueños son tan vívidos que permanecen en mi mente mucho después de que despierto. Una vez, incluso sentí que alguien me levantó de mi cama, llevándome en un paseo en alfombra a través de escenas que pasaban demasiado rápido para entenderlas. Estaba asustada y, en un instante, estaba de vuelta en mi cama. ¿Era ella? Me gusta pensar que lo fue. En esos sueños y momentos fugaces, encuentro la conexión que siempre he anhelado, un puente hacia la madre que nunca conocí realmente.

Creo que la primera vez que apareció en mi sueño, fue su forma de hacerme saber que todavía estaba allí, cuidándome. En el sueño, parecía decir que me echaba de menos y que deseaba poder estar con nosotros. Se cernía sobre mi cabeza y, al irse, me besó la frente. No estaba asustada en el sueño, pero cuando me desperté, sentí una mezcla de asombro y tristeza. Era como si ella estuviera extendiendo la mano desde el más allá, tratando de cerrar la brecha entre nosotras. Pero, ¿cómo podría yo, una niña que nunca conoció realmente a su madre, comenzar a conectarme con esta presencia etérea? ¿Qué le dices a alguien que no conoces, alguien con quien no recuerdas haber estado cerca? La sensación de querer tender la mano, pero no saber cómo, me dejó inquieta.

Les conté a mis hermanas sobre el sueño y me preguntaron qué llevaba puesto. La describí con el aspecto que tenía en la foto tomada cuando tenía diecisiete años, joven y vibrante. No era la imagen que tenía a los treinta y tres años, desgastada por la vida y siete hijos, su cuerpo ya no estaba en la mejor forma. Las mujeres de su época no podían darse el lujo de cuidarse a sí mismas a menos que fueran ricas. Ese sueño era lo más cerca que me sentía de ella, aparte de las historias que contaban mis hermanas. Algunos estaban felices y llenos de risa y amor, mientras que otros estaban teñidos de tristeza y dolor. Esas historias a menudo me dejaban sintiéndome emocionada y molesta con mi padre, escuchando cómo no siempre era amable con ella. Los sueños y las historias se entrelazaron, pintando una imagen compleja de una mujer que, a pesar de las dificultades, siguió siendo un faro de amor y fuerza en mis recuerdos fragmentados.

Mirando hacia atrás, me pregunto si el comportamiento de mi padre se debió al precio que su matrimonio tuvo con el tiempo. Después de casarme, una vez me dijo: después de tener siete hijos, la pasión en un matrimonio se desvanece. Tal vez simplemente había perdido el interés en ella, pero aún la respetaba como a la madre de sus hijos. Estaba claro que sentía el deber de quedarse con ella y mantener a la familia. Pero tal vez, solo tal vez, buscó consuelo en otra parte, encontrando consuelo en la compañía de otras mujeres. Es una posibilidad dolorosa de considerar, pero parece demasiado plausible. Las complejidades de su relación y la tensión de criar una familia numerosa podrían haber creado un abismo emocional que ninguno de los dos pudo superar. Las noches que mi padre pasaba fuera, las reuniones secretas y la violencia ocasional apuntan a un malestar más profundo. Sin embargo, en medio de toda esta confusión, permaneció en el matrimonio un duro recordatorio de la enmarañada red del deber y el deseo. Esta realidad fracturada, donde el amor y la obligación se cruzan con el engaño y la frustración, me ha dejado con un dolor no resuelto, un signo de interrogación que se cierne sobre un pasado que solo puedo entender parcialmente.

Es más fácil para un hombre desconectarse y encontrar consuelo en otro lugar, especialmente para alguien como mi padre. Era un hombre guapo y su trabajo en clubes nocturnos lo expuso a muchas mujeres. En ese campo, no era difícil imaginarlo teniendo relaciones externas. Recuerdo escuchar historias sobre cómo mi madre, a veces, se encontraba con papá en la habitación del centro que alquilaba para pasar la noche después de sus largas jornadas en el club nocturno en el que trabajaba como músico. Quería pasar un poco de tiempo con él; ella le trajo el desayuno después de una larga noche. En una de esas mañanas, lo encontró con otra mujer. Enfurecida, agarró la jarra del desayuno y se la arrojó a la mujer, lo que provocó una confrontación física. Forcejearon, y la mujer, igualmente furiosa, se defendió. Se las arregló para agarrar la olla, ahora vacía, y tenía a mi madre inmovilizada, lista para golpearla con ella. Mi padre intervino en el último momento, deteniendo a la mujer y recordándole: "Ella es la madre de mis hijos".

Esta historia, transmitida a través de la familia, pinta una imagen vívida de la tumultuosa relación que tuvieron mis padres. Mi padre podría haberse desviado, pero en ese momento, todavía reconocía el lugar de mi madre en nuestra familia. Es una historia desgarradora que agrega capas a mi comprensión de sus vidas juntos. Revela las emociones crudas y las dinámicas complejas que dieron forma a nuestra historia familiar, y me hace reflexionar sobre las muchas facetas del amor, la lealtad y la traición que experimentaron.

Después de ese incidente, mi madre llegó a su punto de ruptura. No pudo soportar más la confusión y decidió que tenía que irse. Su madre, naturalmente poniéndose de su lado, intervino en su favor. Insistió en que mi padre tenía que abandonar el negocio de la música, que para entonces ya no era lucrativo. Ella lo instó a encontrar un nuevo camino y reconectarse con su hermano menor, Jesse, que vivía en Los Ángeles. Ese fue el punto de inflexión que llevó a mi padre a dejar su carrera musical a la edad de 38 años. Era diez años mayor que mi madre, y a esas alturas, las opciones eran claras: seguir con la música y seguir soltero o adaptarse a una nueva forma de vida si estaba comprometido con una familia.

Así que, con el corazón apesadumbrado y un sentido de resignación, decidió hacer el cambio. La mudanza a Los Ángeles marcó un nuevo capítulo. El desmoronamiento de su relación pinta la imagen de un hombre que lucha por reconciliar su pasado con su presente, un hombre atrapado entre los restos de viejos sueños y las duras realidades de una vida que exigía adaptación.

Mi padre falleció en 2001 a la edad de 86 años. Para entonces, hacía tiempo que era una figura lejana en mi vida. No era accesible ni particularmente cercano a mí. Su vínculo era más fuerte con mis hermanas mayores, que habían pasado más tiempo con él durante sus años de formación. Dicen que los primeros cinco años de vida de un niño son cruciales para construir conexiones profundas, y cuando me fui con solo cinco meses de edad, esa ventana se había cerrado para nosotros. La madre de mi padre, junto con la madre de mi madre, fueron las que me criaron. Llenaron el vacío dejado por mis padres, y el vínculo más cercano que formé fue con su madre, quien, al criarme, asumió el papel de ellos.

Mis hermanas, que crecieron bajo su atenta mirada, lo respetaban profundamente, pero también le tenían miedo. La compleja mezcla de miedo y reverencia que sentían era algo que observaba desde la distancia. Llevaba una ira latente hacia él, alimentada por las historias y la forma en que se hablaba de él. Esperé el día en que tuviera la edad suficiente para confrontarlo, para discutir sin miedo y expresar las frustraciones que había albergado en silencio.

Debido a su naturaleza dura y distante, mis hermanas mayores no lo admiraban exactamente de la manera que uno podría esperar. Sabían que tenían que seguir sus reglas y hacer lo que él quería porque veían el peso de sus responsabilidades y lo respetaban por eso. En nuestra educación mexicana, el respeto a los padres no era negociable y estaba profundamente arraigado desde una edad temprana. No fue solo una cuestión de elección personal; era un imperativo cultural reforzado por todos los que nos rodeaban.

Los tiempos han cambiado drásticamente. Las nuevas generaciones, incluidos mis propios hijos, han crecido de manera diferente. A medida que la asistencia a la iglesia disminuyó y muchos se distanciaron de la Iglesia Católica, la rebelión se hizo más frecuente. Es sorprendente cómo los eventos en la iglesia, que alguna vez estuvo llena de actividad, ahora parecen vacíos a menos que haya un funeral o una celebración importante. Este alejamiento de los valores tradicionales y las prácticas religiosas ha llevado a un nuevo tipo de desafío, con los niños creciendo en un entorno muy diferente al que conocíamos. Si bien nos enseñaron a honrar a nuestros mayores, nuestros padres, abuelos, tías y tíos, los jóvenes de hoy navegan en un mundo donde ese respeto ya no se espera de manera tan uniforme. La evolución de las actitudes refleja un cambio cultural más amplio, en el que las lecciones del pasado chocan con las realidades del presente.

Mis hermanas aceptaron sus papeles con un respeto resignado, pero yo, en cambio, era ferozmente rebelde. Cuando era niña, no podía comprender las razones subyacentes de su comportamiento, solo el miedo y la injusticia que evocaba. Ahora, con el beneficio de la retrospectiva, entiendo que su dureza se derivaba de sus propias luchas y necesidades, pero en ese entonces, todo lo que veía era la amenaza inminente de su ira. Había momentos en que sus gritos me aterrorizaban tanto que terminaba mojándome los pantalones, una reacción al miedo que me infundía. ¿Cómo podía sentirme cerca de alguien que me asustaba tan profundamente?

La mesa de la cena era lo peor de todo. Era el lugar donde descargaba sus frustraciones, exponiéndolas a cualquiera que estuviera al alcance de sus oídos. Nuestras cenas familiares, destinadas a ser momentos de unión, se convirtieron en un campo de batalla donde su descontento se lanzó contra nosotros. Nos vimos obligados a soportar estas reuniones, sintiendo el peso de su ira y resentimiento. Era la parte más difícil del día, un recordatorio implacable de la distancia emocional entre nosotros y nuestro padre, quien debería haber sido una fuente de consuelo, no de miedo.

Mi corazón está lleno de tantos recuerdos desgarradores. ¡Oh, algunos de ellos aplastan mi corazón en pedazos diminutos! Recuerdo que era la Navidad de 1965, nuestra primera temporada de vacaciones desde que llegamos en enero de ese año. Espe había regresado a México para casarse con su esposo durante las vacaciones de Navidad. Mi papá no estaba trabajando en ese momento; había perdido su trabajo durante el verano y, aunque no sabía si había estado recibiendo algunas prestaciones por desempleo, prefiero pensar que sí las recibía.

Jeannie, la mayor, estaba allí ayudando; había conseguido un trabajo a tiempo parcial cuando aún estaba en la escuela secundaria, gracias a su honestidad con respecto a la situación que atravesaba nuestra familia. El trabajo le proporcionaba ropa para la escuela y para la oficina donde trabajaba, lo que ayudó a aliviar la carga de mi padre hasta que finalmente encontró trabajo unos seis meses después. Durante esa Navidad, con Espe en México, todos nos sentamos alrededor de la mesa, con una mezcla de anticipación y aprensión en el aire. Tony y Sheila susurraban, tratando de reunir el coraje para preguntar si recibiríamos regalos de Navidad. Fui yo quien finalmente rompió el silencio, preguntando directamente: "¿Vamos a recibir regalos de Navidad? ¿Viene Papá Noel de visita? Su reacción fue explosiva e inmediata: gritó un firme "No", aplastando la frágil esperanza de que pudiéramos tener unas vacaciones felices.

Mirando hacia atrás, todavía siento el aguijón de sus duras palabras: "No hay Santa Claus. Ustedes son lo suficientemente mayores como para saberlo", una verdad brutal entregada sin rastro de empatía a mi yo de seis años, Lupe a los siete, Tony a los diez y Sheila a los once. Su incapacidad para ofrecer una explicación reconfortante solo profundizó el dolor, dejándonos con un anhelo crudo y tácito por la magia de la Navidad que tan cruelmente había extinguido.

Mientras nos sentábamos alrededor de la mesa, con el aire cargado de tristeza no expresada, cada uno de nosotros luchaba por tragar su comida, con la garganta apretada por el peso de la decepción. Mi vergüenza y mi ira hervían a fuego lento bajo la superficie, mientras nosotros, los más jóvenes, esperábamos algo de compasión, pero en cambio, su frustración solo creció. Jeannie y Ruth, inseguras de cómo calmar la tensa atmósfera, inclinaron la cabeza con tranquila resignación. En medio de esto, mencionó a regañadientes que asistiríamos a la Misa de Medianoche el 24, una pequeña promesa de consuelo en forma de una comida abundante proporcionada por Jeannie y Ruth, un fugaz destello de calidez en una Navidad sombría.

Nuestro árbol de Navidad era bastante triste, uno metálico pequeño y viejo del alijo de mi tío, con algunas gomitas viejas como únicas decoraciones. No se parecía en nada a los regalos brillantes y envueltos que se ven en la televisión. En México, la Navidad significaba poner nuestros zapatos afuera para los regalos que no estaban envueltos, pero este año fue diferente. No teníamos mucho de nada, excepto ese árbol lamentable. Afortunadamente, un vecino que se había convertido en parte de nuestra familia —porque su hija era mi amiga— compró regalos para Sheila, Tony, Lupe y para mí. Fue un gran alivio conseguir algo, y estábamos muy agradecidos por su amabilidad. Esa Navidad fue una de las razones por las que aprendimos a mantener la boca cerrada durante la cena, tratando de evitar aumentar su estrés. Descargó sus frustraciones con las chicas mayores y con todos los demás, aunque fue algo más amable con ellas porque sabía que lo estaban intentando. En aquel entonces, cuando era niña, no entendía su desesperación. Ahora que soy mayor, no puedo evitar pensar: "¿Y si eso me hubiera pasado a mí?" Es un pensamiento aleccionador, especialmente sabiendo que había organizaciones sin fines de lucro o programas de la iglesia que podrían haber ayudado con juguetes para nosotros, los niños. Ojalá lo hubiera sabido. Habría pedido algo para sus hijos si hubiera sabido de esas opciones, pero no sabía o no quería pedir ayuda. Estaba confundido por todo. Así era él: orgulloso y estoico. Nos enfrentamos a ello y nunca volvió a suceder. Pero esa experiencia me enseñó una valiosa lección: si alguna vez veo a alguien necesitado, daré un paso al frente y ayudaré.

Con el paso de los años, nos volvimos más resistentes. El año siguiente trajo mejoras. El esposo de Espe vino a quedarse con nosotros y fue a la escuela para aprender inglés y poder llenar sus propias solicitudes de empleo. Eventualmente, mi papá y Jaime consiguieron trabajos donde trabajaba el tío Jesse, en Phelps Dodge. Creo que esta empresa todavía existe en Chicago, donde se encuentra su planta principal. Trabajaban en la sucursal que estaba ubicada en el este de Los Ángeles. Mi papá y Jaime consiguieron puestos permanentes, e incluso conseguimos un seguro médico. Mientras tanto, Espe trabajaba a tiempo parcial en una empresa propiedad de una familia judía que fabricaba pantalones de hombre. Con Espe vendiendo comida de forma paralela, nuestros ingresos mejoraron. A las chicas también les iba bien. Después de que Jeannie se graduó de la escuela secundaria, consiguió un trabajo en una fábrica de jabón ubicada cerca del centro de Los Ángeles.

La siguiente Navidad fue realmente especial, un cambio perfecto con respecto a la anterior. Poco a poco fuimos capaces de dejar atrás esos tiempos difíciles.

Cuando papá finalmente pudo comprar su primer auto mientras vivía en Kenmore Ave, nuestros fines de semana se volvieron divertidos, pasándolos en Griffith Park o en la playa. Todos nos amontonábamos en la camioneta y él nos llevaba a encontrarnos con el tío Jesse y sus hijos para un divertido picnic. Jugábamos al aire libre y disfrutábamos de esos momentos sencillos y alegres. Papá estaba de buen humor y parecía más feliz.

Teníamos una vecina increíble, Katie, que se convirtió en parte de la familia. Ella vivía a solo cuatro puertas y fue la que motivó a papá a comprar un auto. Tenía una camioneta y los viernes por la noche nos llevaba al autocine. Todos nos amontonábamos en la parte de atrás sin cinturones de seguridad y veíamos películas en español, ya que nuestro inglés aún no era muy bueno. Katie sabía que mi papá estaba buscando un auto, así que mencionó que una camioneta como la suya estaba a la venta y sugirió que podría estar interesado. Papá terminó comprando la camioneta y, los fines de semana, él y mis hermanas mayores planeaban los picnics en Griffith Park o Santa Monica Beach si el clima era cálido. Había fines de semana en los que papá invitaba a familiares y amigos de nuestra ciudad natal en México a una barbacoa, y los recogía porque no tenían auto. Parecía que estaba cambiando, que ya no estaba tan enfadado; pero nunca le gustaron los abrazos ni el afecto físico.

Recuerdo haber hablado con Jeannie cuando era mayor, y ella mencionó cómo papá nunca los abrazaba ni se acercaba. Le dije: "Es que nos odiaba". Ella dijo: "No, no, él no era así. Éramos seis chicas, y él era el hombre de la casa. No quería que nadie pensara que estaba haciendo algo inapropiado o que estaba demasiado cerca de nosotras. Era muy cuidadoso con su imagen". No lo podía creer. Le pregunté: "¿Así que sufrimos su falta de afecto por eso? Quiero decir, el hermano de mi mamá siempre nos abrazaba y nos mostraba afecto". Solo tuvo un hijo. Por parte de mi madre, solo teníamos un primo, pero se sentía como un hermano para nosotros. Cuando vivíamos en México, su familia vivía en la casa detrás de la de mi abuela, conectada por una puerta a nuestra casa. Era juguetón y divertido, generoso con los abrazos y mostraba fácilmente un cálido afecto. Ese pequeño pedacito de amor de él marcó una gran diferencia, dándonos la confianza de que realmente éramos amados, algo que extrañamos de nuestro padre.

En medio de la lucha constante, nos sentíamos como una carga, así que cuando tenía solo 14 años, comencé a buscar un trabajo, fingiendo tener 16 años, que es la edad requerida para que un adolescente obtenga un trabajo con un permiso de trabajo de la escuela secundaria local. Mi hermana Lupe trabajaba en nuestra oficina local de permisos de trabajo de la escuela secundaria y fácilmente me proporcionó uno. Empecé a trabajar para comprarme algo de ropa porque nuestro papá estaba al límite y nos mantenía a los seis. Los hermanos mayores nos echaron una mano, nos compraron lo que podían, pero nunca fue suficiente y tuvimos que hacer que todo durara.

Su comportamiento marcaba unas reglas claras: mantén la distancia, no hagas preguntas. Si él te hablaba, tú respondías. Si estaba de buen humor, podía ofrecer una sonrisa o una breve conversación. Pero su calidez estaba reservada para los adultos y sus amigos, que lo adoraban. Para nosotros, los niños, era como tantear las aguas: si estaban frías, te mantenías alejado; si estaban calientes, te atrevías a acercarte. Aprendimos desde el principio a navegar por sus estados de ánimo y a adaptarnos en consecuencia.

A medida que crecí y tuve mis propios hijos, comencé a comprender la profundidad del amor incondicional. Había momentos en los que era difícil, y lloraba, deseando que mamá siguiera viva.

Durante mis años de adolescencia, me dolía mucho, lloraba hasta quedarme dormida. Susurraba debajo de mis mantas, diciéndole a mamá: "Estoy lista para ir contigo. ¿Puedes venir a buscarme? —Anhelo volver a casa en el cielo y estar con mi madre. Aunque sabía que no iba a suceder, esos sueños con ella me traían consuelo. El dolor por mi madre fue un compañero constante, un recordatorio del amor y el consuelo que me perdí debido a su repentina muerte. A pesar de que sabía que no la iba a encontrar en esta vida por mucho que quisiera, esos sueños con ella me trajeron un consuelo agridulce, permitiéndome sentir su abrazo una vez más, aunque solo fuera mientras dormía.

Dios tenía planes para mí. Pero yo decía: "No puedo soportar más esto. ¿Puedes venir a buscarme, mamá?". ¿Sabes a lo que me refiero? A veces, las cosas se ponían muy difíciles cuando mis hermanos se mudaban, y solo quedábamos mi papá y yo. Mamá fue con la que realmente conecté en espíritu. Emocionalmente, me conectaba con mi abuela paterna a través de cartas; todavía estaba viva. Mi abuela falleció cuando yo tenía 20 años. Creo que todo el mundo se había ido cuando yo tenía 16 años. Mi hermano se había mudado y Lupe se casó a los 17 años, allá por Navidad. Entonces, éramos solo mi papá y yo. Era más amable conmigo y económicamente era más fácil para él. Tan pronto como comenzamos a trabajar, tuvimos que darle una parte de nuestro salario, lo que me hizo responsable en cierto sentido.

A medida que crecía, me conectaba con mi madre cuando me sentía deprimida. Sentía su presencia, y una sensación de calor recorría mi pecho. Este sentimiento persistía hasta la mañana, justo antes de irme a la escuela. Los días ocupados en la escuela, los amigos y mi trabajo a tiempo parcial me ayudaron a pasar el día. Una vez en casa, tenía que cenar y hacer los deberes, y para entonces, estaba demasiado cansada y rápidamente caía en un sueño profundo. Durante mis años de escuela secundaria, papá trabajaba en el turno de la tarde, por lo que no lo veía mucho durante la semana ya que llegaba a casa alrededor de la medianoche. Cuando éramos más jóvenes, trabajaba en el turno de noche, así que lo veíamos durante la tarde. Cenábamos con él y se quedaba hasta las 10:00 p. m. cuando se iba a trabajar.

A medida que crecía, comencé a notar que él siempre estaba ahí para todos, especialmente para nosotras las chicas en cada uno de los días de nuestras bodas. Papá siempre estaba en la Iglesia, listo para llevarnos al altar y entregarnos a nuestros cónyuges. Cuando me casé a los 29 años, papá me dijo bromeando: "Gracias a Dios que finalmente te vas a casar. Ya terminé". Como adulta, era más fácil conectarse con él.

A los veinte años, mientras aún asistía a la Universidad, dejé la Iglesia Católica para unirme a una iglesia cristiana no confesional dirigida por un pastor judío que creía en Jesús. Fue una revelación: 45 minutos de sermón en lugar de los 15 o 20 minutos a los que estaba acostumbrada en la Iglesia Católica, donde a menudo perdía la concentración. Era justo en esa edad en la que uno se volvía imprudente o mantenía las cosas rectas, especialmente cuando se acercaba la edad adulta legal de los 21 años. Asistir a esta iglesia los domingos fue como reencontrarse con Jesús a través de las apasionadas enseñanzas de este pastor judío. Estaba asombrada porque nunca antes había visto algo así. Incluso recé para casarme con un judío, y sucedió, aunque luego me di cuenta de que no son diferentes a nosotros.

SYLVIA VILLASEÑOR

Papá se retiró y se mudó a Guadalajara. No lo extrañé mucho cuando se mudó. Venía a visitarme al menos tres veces al año, pero no estaba tan emocionada de verlo. Tal vez la falta de vínculo con él durante mis años de juventud causó este corazón frío y distante entre nosotros. A medida que crecía, comencé a pensar que podría haber sido tan dura como él si hubiera enfrentado los mismos desafíos. Comencé a perdonarlo y le pedí a Dios que me perdonara por albergar esos sentimientos. Cuando llegué a la edad de casarme y finalmente me casé, comencé a entender y empatizar con todas las emociones por las que habían pasado mis padres. Fue como si se levantara un velo y pude ver sus luchas y sacrificios con una claridad recién descubierta. Me conecté profundamente con mi madre, especialmente por las historias que mi abuela y otras personas compartían sobre ella. Esas historias pintaron una imagen vívida de su fuerza y amor, haciéndome sentir increíblemente cerca de ella. Cuando era niña, tuve esos dos sueños claros y vívidos sobre ella que me hicieron creer que nuestra conexión trasciende el tiempo y el espacio. No he tenido esos sueños desde entonces, pero todavía los recuerdo vívidamente. Siempre era la misma casa, un hermoso rancho de estilo español, casi como si ella todavía estuviera viviendo allí. Dicen que lo que hay aquí abajo es una réplica de lo que hay allá arriba, solo que más vivo y más feliz, porque en mis sueños, su casa era tan real, como un vistazo a otro mundo. Tuve dos sueños sobre ese mismo lugar, y me dejaron una impresión. Se sentía como un mensaje, una conexión con ella que va más allá de esta vida.

Al reflexionar sobre estos sueños y las historias que mantienen viva a mi madre en mi corazón, me doy cuenta de cuánto han moldeado mi comprensión del amor, la resiliencia y la conexión. Me recuerdan que, aunque ella ya no esté aquí en el sentido físico, su presencia sigue siendo una fuerza guía en mi vida. Estas experiencias me han dejado con una profunda sensación de consuelo y la creencia de que nuestros lazos con aquellos que amamos son inquebrantables y perduran más allá de los límites del tiempo y el espacio. Al cerrar este capítulo de recuerdos y reflexiones, llevo conmigo la calidez de su espíritu, sabiendo que ella continúa velando por mí, ofreciendo fuerza y amor de maneras que las palabras difícilmente pueden capturar.

Capítulo 2
Personajes clave

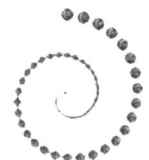

Algunas personas moldean nuestras vidas de maneras profundas, y para mí, aunque a menudo nuestra relación era dura, nadie fue más influyente que mi padre. Su mundo contrastante de devoción y complejidad sentó las bases de la persona en la que me convertiría. Mi madre tenía solo 20 años cuando se casó con mi padre, que era diez años mayor que ella. Su relación era de contrastes: ella estaba profundamente enamorada y se dedicaba a construir una vida familiar estable; él era un carismático líder de banda con una reputación de mujeriego. A pesar de su encanto, mi madre siguió siendo la fuerza constante en nuestra familia, haciendo malabarismos con múltiples responsabilidades con gracia. Era dueña de una carnicería y trabajó en una fábrica textil, todo esto mientras criaba a sus hijos. A la edad de 25 años, ya había dado a luz a dos de mis hermanos, y el peso de sus responsabilidades se hizo más difícil de sobrellevar. Al reconocer la necesidad de apoyo, tomó la decisión práctica de mudarse a una casa al lado de la de mi abuela, asegurándose de tener la ayuda que necesitaba para cuidarnos. A pesar de los desafíos, siempre fue una mujer feliz y con los pies sobre la tierra que hizo todo lo posible para mantener a su familia.

En la comunidad unida de nuestro pequeño pueblo, la vida giraba en torno a la fábrica textil que había sido el corazón de la zona durante generaciones. Cerca de 300 familias vivieron y trabajaron allí, formando una gran familia extendida donde todos se conocían íntimamente. Mis padres no fueron la excepción; sus vidas se entrelazaron mucho antes de casarse, ya que los padres de ambos también habían trabajado en la fábrica. Al crecer en un entorno tan unido, las relaciones más significativas de mi madre fueron, sin duda, con sus hijos. Aunque ella amaba profundamente a mi padre, sus vidas tomaron caminos diferentes. Mi padre, que prefería el trabajo de oficina, se desempeñaba como asistente de un juez, mientras que mi madre prosperaba en el trabajo físico y la responsabilidad de administrar nuestro hogar. A pesar de sus mundos separados, su vínculo era fuerte, aunque rara vez se mostraba abiertamente. En nuestra familia, el amor se entendía más de lo que aparentaba, y aunque no recuerdo que mostraran afecto públicamente, no dudo de que mi madre amaba profundamente a mi padre.

Mis padres compartían un profundo compromiso basado en sus fuertes creencias religiosas y valores familiares. Su vínculo era innegable, aunque su afecto era algo que se mantenía en privado a puerta cerrada. En nuestra cultura de la época, las demostraciones públicas de afecto se consideraban una falta de respeto, y era costumbre que las parejas expresaran su amor solamente en la intimidad de su propio espacio. Si bien este enfoque estaba arraigado en los valores de esa época, creo que las cosas han cambiado para mejor. Hoy en día, creo que los niños deben presenciar el amor y el afecto de sus padres de una manera sana y moderada. Les ayuda a comprender la importancia del amor y la conexión, y modela relaciones positivas y saludables para que las lleven a sus propias vidas.

Según mi hermana mayor, Jeannie, nuestra madre era increíblemente animada y cariñosa con ellos siempre que tenía tiempo y energía. A pesar de su apretada agenda, se aseguró de que mis hermanos supieran que eran amados, siempre demostrando su cuidado: tanto en formas grandes como pequeñas. Incluso mientras trabajaba en la carnicería, encontró oportunidades para enseñarles valiosas lecciones de vida. Entre muchos días amorosos, mi hermana Jeannie recuerda especialmente uno, cito sus palabras: "Recuerdo un día cuando tenía solo cuatro o cinco años, estaba sentada afuera de la tienda con nuestra propia mesita, vendiendo verduras que ella traía del mercado. Fue su forma de inculcarnos la independencia desde una edad temprana, enseñándonos a valernos por nosotros mismos sin dejar de sentir su apoyo inquebrantable".

A medida que Jeannie continuaba compartiendo sus recuerdos, pintó un cuadro de nuestra madre como una guía amorosa pero firme en nuestras vidas. Si bien era increíblemente cariñosa, también creía que era su deber enseñarnos lo que estaba bien y lo que estaba mal, a menudo siendo estricta pero siempre de una manera amable y cariñosa. Nunca nos sentimos irrespetados por su disciplina; en cambio, entendimos que provenía de un lugar de amor y un deseo de ayudarnos a convertirnos en individuos responsables. Mi padre, por otro lado, era muy diferente en su enfoque. Por lo general, era callado con nosotros, pero cuando hablaba, a menudo era en momentos de ira, afirmando su autoridad de una manera que era más intimidante que cariñosa. Sus estilos contrastantes nos dejaron con dos modelos muy diferentes de crianza, moldeándonos cada uno de maneras únicas.

Mi padre, a pesar de su reserva emocional, siempre estuvo ahí para asegurarse de que tuviéramos lo que necesitábamos. Incluso durante los cinco años que pasamos en México después de que mi madre falleció, él constantemente enviaba dinero para apoyarnos. Nunca descuidó sus responsabilidades, incluso cuando tenía dificultades financieras. A su manera, se preocupaba profundamente por nosotros y trataba de mostrar su afecto, aunque a menudo le resultaba difícil expresarlo. No siempre estuvo seguro de cómo navegar su papel como madre y padre, especialmente dentro de las expectativas de la sociedad y sus limitaciones. Aun así, hizo todo lo posible para sustentarnos y apoyarnos.

Cuando mi madre murió, mi padre quedó devastado. Lloraba y le suplicaba a Dios, preguntándose por qué esta tragedia le había ocurrido a nuestra familia y qué se suponía que debía hacer a continuación. La pérdida lo dejó sintiéndose desesperado y abrumado. En los meses que siguieron, lidió con la realidad de criarnos solo, incluso considerando permitir que otros adoptaran a algunos de mis hermanos. Pero cuando mi abuela intervino, insistiendo en que debíamos permanecer juntos como familia, él accedió sin dudarlo. Enviarnos a vivir con nuestra abuela en México fue una decisión difícil pero sabia, basada en su comprensión de que era la mejor manera de estar rodeados de amor y estabilidad mientras nos quedábamos con uno de los miembros más cercanos de la familia.

Desde el momento en que llegamos a la casa de nuestra abuela, ella nos envolvió en amor y nos brindó la seguridad que necesitábamos desesperadamente. Aunque vivíamos modestamente, nunca nos sentimos privados porque su afecto llenaba nuestras vidas de calidez y consuelo. Durante los siguientes cinco años, hasta su fallecimiento, no solo nos nutrió, sino que también nos preparó para los desafíos que se avecinaban. Nos enseñó habilidades esenciales para la vida, como cocinar, limpiar y administrar un hogar, inculcándonos un sentido de independencia y autosuficiencia. Cuando regresamos, estábamos equipados para cuidar de nosotros mismos, gracias a los cimientos que ella había construido.

Mi hermana Jeannie a menudo recuerda su primera infancia antes de mi nacimiento. Una vez me dijo que cuando se mudaron a Los Ángeles, no tenían parientes cerca, pero mi mamá siempre se las arreglaba para hacer amigos dondequiera que iba. En palabras de Jeannie: "Recuerdo que una de sus amigas venía y se preparaban para salir a cenar con mi papá. Mi mamá se iluminaba de emoción, como una adolescente, mientras se vestía para esas ocasiones especiales. Esos fueron algunos de los raros momentos en los que la vi genuinamente feliz, saboreando la alegría de una noche de fiesta. Sin embargo, también hubo un momento en que las cosas tomaron un giro más oscuro. Una vez, mi mamá quería desesperadamente cortarse el cabello porque se había vuelto rebelde, pero mi papá no tenía el dinero para eso. A raíz de sus insistentes peticiones, una noche, mientras ella dormía, él se encargó de cortarle las trenzas y le dejó el pelo corto para que dejara de pedir dinero para hacérselo en la peluquería. Estaba devastada y lloró durante semanas después; su felicidad se vio ensombrecida por ese acto desgarrador".

Jeannie me tomó de la mano y compartió algunos de los recuerdos más felices de su infancia cuando se mudaron por primera vez a Los Ángeles. Me contó: "El hermano de papá, el tío Jesse, siempre nos incluía cuando había reuniones familiares o fiestas. Mamá, a quien le encantaba hornear, a menudo llevaba un pastel de cumpleaños a estos eventos. Estar cerca del lado de la familia de mi padre fue un punto culminante para nosotros, especialmente porque el tío Jesse tenía ocho hijos propios, lo que lo convertía en momentos animados y agradables. Nos quería mucho y hacía todo lo posible para que nuestras visitas fueran especiales, siempre buscando formas de asegurarse de que nos divirtiéramos. Estas salidas con mi mamá, mi papá y la familia del tío Jesse fueron algunos de los momentos más alegres que experimentamos, llenos de risas y la calidez de las conexiones familiares. El tío Jesse y su esposa, la tía Terry, hicieron todo lo posible para tratarnos a todos por igual.

Nuestra hermana Esperanza, al ser la mayor, asumió

naturalmente un papel más maduro y responsable. Tenía un carácter desinteresado, siempre dispuesta a ayudar a mi mamá y a mi papá y hacernos la vida más fácil. Su disposición a ayudar y su presencia confiable hicieron que mis padres llegasen a depender mucho de ella. Si bien podría haber parecido que era la favorita, su apoyo fue invaluable y sus contribuciones fueron una fuente significativa de ayuda y estabilidad para la familia.

Cuando finalmente me comprometí para casarme, sentí como si estuviera saltando a lo más profundo, a pesar de que conocía a mi esposo como amigo durante cinco años antes de salir porque ambos asistimos a la misma universidad. Una vez que comenzamos a salir, mi relación con él se sintió como un par de pantuflas cómodas, familiares y fáciles, pero aún así, estaba ansiosa. Nuestra relación comenzó sin problemas debido a la amistad que habíamos construido, aunque había aspectos de él que eran un poco salvajes y necesitaban calmarse. Pero cuando comenzamos nuestra familia, cualquier reserva que tuviera se vio eclipsada al ver lo maravilloso que era como padre. A pesar de su difícil crianza, con padres que se divorciaron cuando él era joven y una figura paterna que estaba ausente, estaba decidido a ser un gran padre.

Trató de compensar lo que se perdió en su propia infancia siendo increíblemente atento a sus hijos. Su dedicación era evidente en la forma en que los colmaba de afecto y los proveía, a veces en exceso, ya que ambos teníamos buenos trabajos y queríamos compensar nuestras propias carencias por las experiencias perdidas. Verlo abrazar y besar a nuestros muchachos, algo que no era común en mi cultura mexicana, y ser su apoyo inquebrantable en las prácticas deportivas y los juegos fue realmente extraordinario. Con nuestra hija, a pesar de que no estaba interesado en los caballos, apoyó su pasión asegurándose de que tuviera un caballo y un automóvil cuando cumpliera dieciséis años. Su compromiso de ser un padre involucrado y amoroso fue un espectáculo para la vista, y tuvo un profundo impacto en nuestra vida familiar. Nuestro enfoque de la crianza de los hijos fue impulsado por el deseo de proporcionar a nuestros hijos todo lo que nos faltó en nuestra propia crianza. Nos aseguramos de que tuvieran las oportunidades y el apoyo que nosotros no tuvimos, lo que les ayudó a tener éxito en sus carreras y educación. Mi hija, a pesar del modesto retorno financiero de su pasión por los caballos, continúa prosperando en lo que ama. En general, estamos orgullosos de la educación que les dimos y de verlos convertirse en personas exitosas y felices.

Mis hermanas siguieron un enfoque similar con sus propios hijos, esforzándose por brindarles las oportunidades y experiencias que ellas también perdieron. Cada uno quería asegurarse de que sus hijos tuvieran más que nosotros. Es cierto que algunos de nosotros podríamos haberlos mimado demasiado a veces, incluido mi hermano Tony. Pero en general, estábamos unidos en nuestro objetivo de proporcionar una vida mejor a la próxima generación.

A veces, me pregunto si nuestra relación con mi madre habría sido un viaje continuo de profunda conexión y experiencias compartidas si mi madre todavía estuviera viva. Nos imagino navegando por la vida juntos, celebrando hitos y apoyándonos mutuamente a través de los desafíos. Me hubiera gustado involucrarla en todos los aspectos de mi vida, desde las alegrías de mis éxitos hasta las luchas que enfrenté.

Desearía haberla tenido durante mis años de formación y haber crecido teniendo su calor maternal en mi vida. A medida que creciera, nuestros roles habrían cambiado naturalmente. Asumiría la responsabilidad de cuidarla, asegurando su comodidad y bienestar en sus últimos años. Me esforzaría por brindarle el mismo amor, cuidado y atención que ella nos dedicó a nosotros. Al verla como una mujer mayor, me comprometería a corresponder el cariño y el apoyo que me brindó, asegurándome de que se sintiera valorada y amada en cada paso del camino. Sería mi manera de honrar todos los sacrificios que hizo por nosotros, asegurándome de que pudiera disfrutar de sus últimos años con la misma calidez y seguridad que siempre brindó a su familia.

En nuestra cultura, la idea de enviar a un padre a un centro de cuidado es rara; en cambio, nos turnamos para cuidarlos nosotros mismos. Imagino un futuro en el que mi mamá pasaría tiempo con cada uno de nosotros en rotación, trayendo alegría y conexión familiar a nuestros hogares. Esperaríamos ansiosamente nuestro turno para recibirla, compartiendo la responsabilidad y el deleite de su presencia, asegurándonos de que se sintiera apreciada e involucrada en nuestras vidas. Por ejemplo, durante mis embarazos y maternidad temprana, ella habría sido un gran apoyo, ofreciendo su sabiduría y amor durante esos tiempos difíciles.

Al reflexionar sobre otras familias, como la experiencia de mi hermano con su suegra, veo un patrón similar de cuidado familiar. Su suegra, que ha vivido con ellos durante doce años, ahora recibe atención debido a su demencia. Esto refleja lo que observé mientras crecía en México, donde los padres ancianos eran cuidados amorosamente por sus hijos. Era una norma cultural que los padres fueran cuidados en sus últimos años por los hijos que habían crecido en el mismo hogar, asegurándose de que siguieran siendo una parte central y valiosa de la familia.

Este modelo de atención me recuerda una de las experiencias de mi hermana mayor, Jeannie, con su suegra. Desde que tenía 16 años, cuando salió por primera vez con su futuro esposo, su madre fue una presencia amorosa en su vida. Una vez que se casaron, su suegra se mudó con ellos durante los primeros cuatro meses de dar a luz.

Después de sus dos embarazos e incluso después de que este primer matrimonio fracasara, Antonia, su suegra, se quedó para ayudar a criar a sus hijos y brindar la atención materna que extrañaba. Su apoyo continuó incluso después de que se volvió a casar y se integró sin problemas a su nueva familia. Se convirtió en una figura materna sustituta, enriqueciendo nuestras vidas con su afecto y apoyo. El profundo vínculo que compartían era un testimonio del impacto duradero del amor y el cuidado de la familia, al igual que esperaría que fuera en mi relación con mi propia madre si todavía estuviera con nosotros.

Mis hermanas mayores, Espe y Jeannie, asumieron la responsabilidad de cuidar a los hermanos menores. Como resultado, aprendí a recurrir a ellas en busca de apoyo en lugar de a mi padre, con quien nunca desarrollé un vínculo cercano debido a mi temprana separación de papá cuando nos mudamos a México después de que mamá falleció. En el momento que me separé de mi padre tenía apenas seis meses de nacida, lo que significaba que nos perdimos de formar ese vínculo tan importante durante los primeros cinco años de vida de un niño. En consecuencia, a menudo le tenía miedo y evitaba interactuar con él tanto como fuera posible.

Jeannie y su novio, Tavo, reemplazaron a mi padre de muchas maneras. Por ejemplo, asistieron a conferencias de padres y maestros cuando estaba en la escuela, a pesar de que Jeannie solo tenía 16 o 17 años en ese momento. Mi padre rara vez asistía a estas reuniones, por lo que la participación de Jeannie y Tavo fue crucial. Recuerdo que mi maestra grabó algunas de las tareas de inglés de toda la clase para que nuestras familias las escucharan mientras asistían a la jornada de puertas abiertas, lo que a Tavo le pareció divertido y a mí me dio vergüenza. En general, Jeannie y Espe se convirtieron en mis mentores y principales fuentes de apoyo, desempeñando el papel que mi padre no pudo.

Espe, la mayor de los hermanos, se casó a una edad muy temprana, para consternación de mi padre. Durante los tres meses previos a su boda planeada por la iglesia, mi papá trató diariamente de convencerla de que no lo hiciera, sin saber que ella ya se había casado con su esposo a principios de ese verano en México a través de una ceremonia civil. Cuando llegó diciembre, ya era demasiado tarde: Espe tuvo que seguir adelante con la boda por la iglesia según lo planeado. A pesar de la devastación inicial de mi padre, el matrimonio resultó ser un desarrollo positivo. Su esposo, que se unió a nuestra familia despúes de la boda, terminó siendo de gran ayuda financiera y trabajó bien con mi papá.

El esposo de Espe siempre soñó con regresar a México para abrir un taller de carpintería, y después de haber vivido en Los Ángeles trabajando muy duro y teniendo dos hijos, finalmente se mudaron en 1972, cuando yo tenía 13 años. Espe, una cocinera talentosa, también abrió un restaurante allí. A pesar de la distancia, Espe y yo nos mantuvimos muy unidas porque ella sentía un fuerte sentido del deber de cuidarme, como nuestra madre le había pedido que hiciera antes de fallecer. Espe se tomó muy en serio esta responsabilidad, cuidando de mí y de nuestros hermanos menores. A pesar de que crio a nueve hijos propios en Guadalajara, continúa visitándonos dos veces al año, y nuestro vínculo sigue siendo fuerte hasta el día de hoy.

Jeannie siempre fue la alegre y resistente entre nosotros, sonriendo constantemente sin importar los desafíos que enfrentara. Nunca la vimos llorar, aunque lo hiciera a puerta cerrada. Estaba decidida a ser un ejemplo para nosotros, persiguiendo agresivamente su educación secundaria y luego pasando rápidamente a trabajar en White King, una fábrica de jabón. Jeannie dio un paso al frente para apoyarnos, a menudo comprándonos ropa e incluso comprando boletos para que pasáramos nuestros veranos en Guadalajara, un lugar que todos apreciábamos. A pesar de sus responsabilidades, se casó joven.

Durante sus días de noviazgo con Tavo, trajeron mucha alegría y diversión a nuestras vidas. Tavo tenía un automóvil y nos llevaba de viaje a todos a Malibú o Griffith Park, seguidos de un capricho en McDonald's, donde disfrutábamos de hamburguesas de 25 centavos, papas fritas de 10 centavos y Coca-Colas de 5 centavos. A pesar de que solo tenía seis años y no me importaban mucho las batallas musicales entre canciones en inglés y español en el auto, estaba claro que la influencia de Tavo nos ayudó a todos a adaptarnos a la vida en los EE. UU. Era inteligente, hablaba un inglés perfecto y tenía un futuro prometedor, ya que finalmente se alistó en el ejército y sirvió en la Guerra de Vietnam. Nuestro tiempo con Tavo, su mamá y su hermano menor Bobby, quien era hilarantemente tímido y en una ocasión tuvo una cita con mi hermana Ruth. Estaba tan nervioso que le empezaron a sudar las manos. Estos recuerdos que tengo fueron algunos de los momentos más divertidos de mi infancia. Bobby, quien más tarde se convirtió en sacerdote como su madre siempre había planeado, sigue sirviendo a la iglesia hasta el día de hoy. Fueron momentos alegres y memorables que todos disfrutamos cuando éramos niños.

Ruth, al ser la tercera mayor, tuvo que crecer rápidamente y asumir muchas responsabilidades a una edad temprana. Realmente no tuvo mucha infancia porque siempre estaba cuidándonos, vistiéndonos para la escuela, preparando nuestros almuerzos y más. Recuerdo vívidamente una vez que ella se enojó cuando yo tenía unos seis años y estaba esperando que ella me ayudara a vestirme para la escuela; me entregó el vestido diciéndome que lo hiciera yo misma. Ni siquiera sabía cómo meter las manos en las mangas correctamente, y eso hirió profundamente mis sentimientos.

PERLAS DE MAMÁ

Después de eso, supe que tenía que mantenerme alejada de ella, a pesar de que compartíamos la misma cama. Ella me empujó a ser más independiente, pero fue difícil.

Un incidente que me llamó la atención cuando estaba en sexto grado. Había un chico mayor y de aspecto aterrador que asistía a la escuela secundaria local en nuestra área. Comenzó a pasar el rato afuera de una pequeña tienda de conveniencia familiar ubicada al otro lado de la calle de la escuela primaria a la que asistí. Cuando terminaba la escuela, él estaba allí merodeando de forma inusual y parecía muy sospechoso. Entonces descubrí que estaba esperando en la esquina para ver a la primera niña que caminara sola a casa. Él procedía a seguirlas, y no estaba segura de por qué, pero lo ignoré hasta que un día comenzó a seguirme. Estaba asustada, pero dobló la esquina antes de que llegara a la cima de la colina. Me quedé petrificada, así que le pedí a Ruth que por favor me recogiera al salir de la escuela; le conté la razón mientras enfatizaba lo asustada que estaba de este niño mayor. Le pedí que por favor, si lo veíamos, detuviera el auto, se bajara y le dijera que dejara de seguirme y que lo amenazara con denunciarlo al director de nuestra escuela si no se detenía. Ella aceptó a regañadientes, pero enfatizó que lo haría solo por esa vez. Cuando vimos al tipo, detuvo el auto, le gritó que me dejara en paz y luego se fue a toda velocidad. Estaba conmocionada y aterrorizada, pensando que eso no era suficiente, y efectivamente, el niño mayor me siguió nuevamente al día siguiente. Apareció Ruth y le dio otro susto. Después de eso, nunca volvió a la escuela. Ruth siempre fue dura y luchadora, pero también capaz de ser muy divertida. Tenía su propia vida y también se casó joven, por lo que no siempre estaba cerca.

Sheila, la hija del medio, se casó con su primer marido cuando tenía veintiún años, en agosto de 1974. Este matrimonio duró solo cuatro años y ella se divorció de él en 1978. Cuando se mudó a casa, me alegré de tenerla de vuelta. Logró rehacer su vida y obtuvo un certificado de agente de viajes en nuestra universidad local. Poco después, en la Navidad de 1980, su novio de la infancia vino a los Estados Unidos de visita desde México, la reconquistó, se casaron, tuvieron una boda civil en julio de 1981 y se establecieron en la Ciudad de México. Tuvieron dos hijos a los que no llegué a conocer bien durante su juventud ya que vivían muy lejos. Tuvo una buena vida en México; ella era maestra de escuela inglesa y su esposo trabajaba en su campo de ingeniería civil. Se especializó en ingeniería para la construcción de puentes para la Ciudad de México. Cuando su hijo menor tenía ocho años, le diagnosticaron insuficiencia renal. Su médico le dio cinco años de vida sin esperanza de un trasplante. Sheila vendió todo lo que tenían y se mudó con su familia a los Estados Unidos con la esperanza de salvar la vida de su hijo. Me alegró una vez más verla regresar y encontrar un hogar para mudarse con su familia cerca de mí. Mi hermana, Ruth, ayudó a Sheila a obtener un seguro médico para que su hijo recibiera tratamiento y lo preparara para un trasplante de riñón, y lo consiguió. Su hermano mayor era la persona perfecta para ser su donante. Ahora, sus dos hijos son hombres adultos con carreras exitosas, con sus propias familias que viven en los Estados Unidos, y Sheila tiene cuatro nietos. Desafortunadamente, su esposo falleció hace tres años. Como vivo más cerca de ella, me aseguro de que sepa que estoy aquí para cuando me necesite y que mi puerta siempre estará abierta. A menudo, nos acompaña a mi esposo y a mí a salir los fines de semana, y es un placer pasar el rato con ella.

Tony es mi único hermano; es unos cuatro años y medio mayor que yo. No lo veo mucho ya que vive lejos de mí, pero cerca de Jeannie. Tony es muy reservado, y creo que es porque lo pasó mal mientras crecía, era difícil vivir con papá y, a menudo, lo acosaba cuando era niño. Lucharon por conectarse cuando Tony era más joven, pero finalmente hicieron las paces cuando Tony finalmente se casó a principios de sus cuarenta. El día de la boda de Tony, papá le pidió perdón por tratar de moldearlo en algo que no era.

Tony siempre fue amable y creció rodeado de hermanas. En un momento dado, pensé que nunca se casaría. Cuando vivía en casa, salía con muchas mujeres, lo que eventualmente lo puso un poco nervioso. A pesar de tener novias, luchaba con las relaciones porque a menudo le recordaban a una de nosotras, a Jeannie, Ruth, Sheila, Lupe o a mí. Finalmente encontró a la correcta que no tenía personalidad ni parecido físico con ninguna de sus seis hermanas. Su esposa, Alicia, era una chica que conoció mientras visitaba nuestro pueblo en México durante la Navidad. Era la vecina de al lado de mi primo Cacho. Han estado casados cerca de veinticinco años y tienen dos hijos, uno que todavía asiste a Berkeley y el otro que cursa la premedicina. Ambos quieren ser médicos, lo que lo enorgullece. Tony ahora está jubilado, pero todavía trabaja de forma remota como contador público certificado, una carrera que ha mantenido toda su vida. Curiosamente, ambos nos graduamos de

Cal State LA en el mismo año y mes: él se dedicó a la contabilidad y yo me dediqué al marketing.

Lupe es la segunda más joven. Soy catorce meses más joven que ella. Siendo que somos las más cercanas en edad, ella y yo hicimos todo juntas y salimos con los mismos amigos desde nuestros días de infancia en Los Ángeles y en Guadalajara hasta nuestra adolescencia cuando ella se mudó para casarse a la edad de diecisiete años. Lupe era la típica chica popular: muchos amigos, «nos vemos más tarde»… ese tipo de chica. Los fines de semana en casa siempre nos visitaban sus amigos, que llegaron a conocerme bien, y una vez que comencé mi primer año de secundaria, tuve amigos en grados superiores gracias a ella. La generosidad de Lupe con sus amigas se extendió hasta el extremo de permitirles usar su ropa, y en ocasiones la mía, para ir a la escuela. Hubo algunas veces que me encontré con sus amigas en la escuela de camino a una de mis clases, y he aquí que llevaban mis jeans azules. Pantalones vaqueros que no eran baratos, comprados con el dinero que tanto me costó ganar y por el que trabajé todo el verano. Nunca me enfrenté a sus amigas en la escuela cuando las veía en plena floración usando mi ropa porque les hacía creer que le pertenecían. En casa, cuando le reclamé, todo lo que hizo fue reírse y decirme: "Silencio, te llevaré a comer para compensarte". Está bien, suena bien, era mi respuesta. La comida fue la solución a todos los males; todo fue perdonado y olvidado. Lloré mucho cuando se fue a Guadalajara a la mitad de su último año de secundaria para casarse. Su futuro esposo era un joven y conocido jugador de fútbol profesional que jugaba en uno de los dos equipos de fútbol profesional de Guadalajara, "Atlas", quien fue reclutado por un entrenador que también era de nuestra ciudad natal. Su nombre es Bernardino García y es cinco años mayor que ella. Económicamente, Lupe estaría bien, por lo que papá no se opuso en absoluto cuando ella se fue para casarse a una edad temprana. Lupe tenía una buena vida con Berna. Tuvieron dos hijos que nacieron y crecieron en Guadalajara. Desafortunadamente, las carreras deportivas profesionales suelen ser de corta duración, y si el dinero ganado se invierte de forma equivocada, puede perderse todo. Esto les sucedió a Lupe y a su esposo, y tuvieron que mudarse a los Estados Unidos para comenzar de nuevo desde cero. Lupe es una persona aguda y rápidamente recuperó su agresividad en la búsqueda de empleo. Además, pudo obtener la residencia permanente para su esposo y sus dos hijos. Fue difícil para la familia mudarse aquí debido al choque cultural y tener que dejar atrás a amigos y familiares, pero la necesidad de sobrevivir era una prioridad, y los Estados Unidos es dónde comenzar si ese es el caso. Ambos fueron colocados en trabajos con la ayuda de amigos, y sus hijos finalmente se acostumbraron a la vida aquí, bendecidos con grandes carreras. Lupe y su esposo, Berna, se jubilaron y regresaron a Guadalajara. Berna entrenó a un equipo juvenil de niños de doce años en adelante que tienen el potencial de convertirse en profesionales. Berna ahora está completamente jubilado y Lupe trabaja de forma remota desde casa a tiempo parcial para complementar sus ingresos de jubilación.

En cuanto al resto de nosotros, creo que todos fuimos criados con un fuerte sentido de independencia. Cada uno de nosotros trató de forjar su propio camino, y ahora, como adultos, todos hemos tenido buenas carreras y somos capaces de mantenernos sin depender de nadie más. A pesar de nuestra independencia, siempre hemos tratado de mantenernos unidos como hermanos. Cuando éramos más jóvenes y nos casamos, criando a nuestros hijos, solíamos reunirnos una vez al mes para celebrar los cumpleaños de todos. Esas reuniones nos mantuvieron conectados y fortalecieron nuestro vínculo.

Pero a medida que pasaba el tiempo y nuestras familias crecían, se hizo más difícil encontrar un lugar lo suficientemente grande como para que todos nos reuniéramos. Ahora, todavía nos reunimos para ocasiones especiales: bodas, funerales o simplemente la visita ocasional con uno o dos hermanos.

Esperanza, nuestra hermana mayor, asumió naturalmente el papel de la figura materna en nuestra familia. A pesar de que todos sabíamos que era nuestra hermana, era a ella a la que recurríamos cuando necesitábamos apoyo. No importaba dónde estuviera, incluso si estaba en México, volaría de regreso para estar con nosotros tanto en los buenos como en los malos momentos. Sus propios hijos a veces se resentían por la atención que nos daba, pero han llegado a entender que ella nos amaba a todos por igual.

Esperanza estaba decidida a ser independiente desde una edad temprana. Consiguió un trabajo cuando aún estaba en la escuela secundaria y siempre fue competitiva con Jeannie, lo que la alentó porque la hizo más fuerte. Esperanza se casó antes de terminar la escuela secundaria y comenzó su familia a temprana edad. A pesar de los desafíos, nos hemos mantenido unidas y nos hemos llamado a menudo. Ruth está luchando contra el Parkinson, pero está bien dadas las circunstancias. Ella sabe que estamos ahí para apoyarla siempre que podamos. La siguiente es Sheila. Desde el momento en que nació, tuvo una personalidad ardiente: se enojaba por las cosas más pequeñas y era el tipo de niña que, si se enojaba, hacía algo drástico como poner la cara en los charcos después de que lloviera en México. Por otro lado, Sheila era y sigue siendo muy creativa, le encantaba montar espectáculos para los niños que vivían en la cuadra de Nina José y cobraba una pequeña entrada. El patio de Nina José se llenaba y sus espectáculos siempre eran un éxito.

Tony, nuestro hermano, era todo lo contrario. Nunca le gustó jugar al fútbol o participar en los juegos al aire libre con los otros niños. Después de que nuestra madre falleció, Tony pasó por un período de depresión. Pasaba la mayor parte del tiempo sentado a los pies de la abuela mientras ella se sentaba en su silla especial porque no podía caminar. Hizo todo lo posible por levantarle el ánimo, alentándolo para que saliera a jugar, pero a él le costó más que al resto de nosotros integrarse. Aprendimos a trabajar con sus peculiaridades y a amar su espíritu creativo.

Si bien encontramos amigos rápidamente y seguimos adelante con nuestras vidas, según la observación de Jeannie, Tony se mantuvo reservado, prefiriendo la soledad a la socialización. Con el tiempo, empezó a hacer amigos, pero nunca tuvo tantos como nosotras. Nuestro padre, al ver a Tony como el único varón, creía que ser duro con él lo ayudaría a convertirse en un hombre adecuado. Este enfoque le causó mucho dolor a Tony, pero lo usó como motivación para mejorarse a sí mismo. Fue a la universidad, consiguió un gran trabajo y construyó una vida exitosa.

Al final, la determinación de Tony dio sus frutos. Finalmente se casó y ahora tiene una familia maravillosa. Su esposa nunca ha tenido que trabajar, y él continúa manteniéndolos, queriendo seguir trabajando hasta que sus hijos se conviertan en médicos. Estoy muy orgullosa de él por todo lo que ha logrado.

Mi mamá puso a Lupe a cargo de Jeannie, así que siempre hizo todo lo posible para estar ahí para ella. En cuanto a Jeannie y yo, tenemos una gran relación. Nos llamamos cada vez que algo está pasando con nosotras o con nuestras familias, y a menudo nos vamos de vacaciones juntas. Amo a sus hijos y a su esposo, y siempre nos hemos llevado bien. No creo que hayamos tenido nunca una pelea.

Jeannie dice que mi hermano Tony siempre trató de mantenerse alejado de nuestro papá porque papá lo criticaba constantemente. No importaba lo que mi hermano lograra, papá nunca reconoció lo bueno, solo lo malo. Desde muy joven, la hombría de mi hermano fue cuestionada. Papá pensaba que era demasiado débil y flaco e incluso le decía que iba a conseguir un par de tipos que pelearan con él para ver qué tan hombre era. Mi hermano tenía solo 10 u 11 años en ese momento, y no podía entender por qué papá lo trataba de esa manera.

Como resultado, mi hermano a veces descargaba sus frustraciones en Lupe y en mí porque éramos más jóvenes y no teníamos nada que ver con la situación. No era justo, pero era su forma de sobrellevarlo. Después de que la segunda esposa de papá lo abandonó, tuvieron que compartir un dormitorio. Tony duró alrededor de una semana antes de volver al sofá, diciendo que papá roncaba demasiado y gritaba mientras dormía. Con el tiempo, a medida que ambos crecían, comenzaron a entenderse un poco mejor. Desarrollaron una especie de relación de hombre a hombre y, finalmente, estaban en mejores términos. Desafortunadamente, nunca tuve ese tipo de conversación con papá. No fue hasta después de que me casé y pasé más tiempo con él que finalmente comenzó a ser amable conmigo, pero incluso entonces, nunca nos acercamos desde que se retiró y se mudó a México.

Mi hermana Ruth una vez confrontó a papá después de que tuvo una hija con una novia en México cuando él tenía más de 60 años. Se casó con ella, y era muy cariñoso y atento con su hija, siempre abrazándola y besándola, llevándola a todas partes. Ruth no podía entender por qué era tan cariñoso con esta niña cuando nunca nos había mostrado ese tipo de amor. Ella le preguntó por qué se mantenía alejado de nosotros cuando nosotros queríamos estar cerca de él. Fue entonces cuando papá explicó por qué sentía que necesitaba mantener la distancia, y así fue como finalmente entendimos su comportamiento.

Jeannie compartió conmigo algo que sucedió el día antes de que mamá fuera al hospital. Citaré sus palabras: "El médico pensó que tenía el útero caído por tener tantos niños tan seguidos, pero resultó ser su apéndice. Mamá tuvo la premonición de que iba a morir. Tratamos de tranquilizarla, diciéndole que era solo su útero caído, que no era gran cosa, pero ella sintió que era más grave. Fue entonces cuando nos habló a mi hermana Esperanza y a mí. Le dijo a Esperanza que si algo le sucedía, tenía que ser responsable de los hermanos menores, especialmente de Sylvia, que en ese momento era solo un bebé. Mamá dijo que Sylvia requeriría mucha atención y le hizo prometer a Esperanza que se aseguraría de que todos la trataran bien y que ella saldría adelante. Luego se volvió hacia mí y me dijo que yo estaría a cargo de Lupe, que solo tenía un año y medio. Mamá quería asegurarse de que Lupe siempre estuviera bien y que nadie la maltratara".

Desde entonces, nos hemos aferrado a esa responsabilidad de cerca. Incluso hoy en día, seguimos tomando en serio las palabras de mamá, asegurándonos de cuidarnos unos a otros como ella nos pidió.

A veces, Jeannie y yo repasamos mentalmente los domingos por la mañana después de la misa. Eran especiales. Si no podíamos ir al parque porque mi papá no tenía auto, nos reuníamos en el patio delantero. Se sentaba con nosotros y hablábamos de todo tipo de cosas, como lo que queríamos ser cuando fuéramos grandes. Esos momentos fueron muy significativos porque nos animaban a pensar en nuestro futuro y a soñar en grande. Esto fue cuando ya estábamos aquí, viviendo en la calle Irola. Dice que recordaba que yo estaba en un cochecito, y también otro de mis hermanos. Nos sentábamos todos juntos, teniendo estas conversaciones profundas con ella.

Mi madre siempre enfatizó la importancia de la independencia. Ella nos decía: "No quiero que dependas de nadie para tu bienestar. Incluso si te casas con una persona rica, quiero que trabajes". Quería que cada uno de nosotros fuera autosuficiente, que nos compráramos nuestros propios vehículos y que tuviéramos buenos trabajos. Era algo de lo que ella y su madre nos hablaban a menudo, inculcándonos esos valores desde una edad temprana. Y nunca dejó de recordarnos que, pasara lo que pasara, siempre nos amaría. Nos aseguró que, dondequiera que estuviera, estaría velando por nosotros. Esas palabras me han acompañado toda la vida.

Capítulo 3
Preparando el escenario

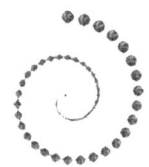

Uno de los famosos fisiólogos germano-americanos, Martin H. Fischer, dijo: *"Todo el mundo es un laboratorio para la mente inquisitiva".* Para mí, este pensamiento tuvo sentido desde una edad temprana. Mi infancia fue un tapiz de curiosidad, tejido con un sinfín de preguntas y descubrimientos. Busqué entender las complejidades de mi padre y la intrincada danza de las dificultades de la vida en México y Estados Unidos. Cada experiencia era una pieza de un rompecabezas más grande, que me instaba a explorar, aprender y descubrir los secretos del mundo que me rodeaba.

Pasé mi infancia en Guadalajara. Fue donde comenzó mi historia, en un pueblo donde las calles eran estrechas pero llenas de vida, y la iglesia no era solo un lugar que visitábamos, era una presencia constante entretejida en el ritmo de nuestros días. Todas las mañanas, las campanas sonaban, su sonido resonaba en las calles empedradas, llamándonos a la oración, a la comunidad, a los rostros familiares que nos saludaban con sonrisas y asentimientos mientras caminábamos. Este pequeño pueblo, enclavado en el corazón de México, era más que un lugar para vivir; era un santuario, un lugar donde todos se conocían, donde la fe no solo se practicaba los domingos, sino que se vivía todos los días.

La vida en Guadalajara era sencilla, pero rica en formas que las palabras a menudo no logran capturar. Había un sentido de pertenencia, una profunda conexión no solo con la gente, sino también con la tierra, con las tradiciones y, especialmente, con la iglesia. La iglesia no era solo el lugar donde íbamos a misa; era el centro de nuestras vidas. Todo giraba en torno a ella: los bautizos, las bodas, los funerales, incluso las fiestas. La fe no era algo que cuestionáramos; era algo que inhalábamos y exhalábamos todos los días.

Mi abuela paterna me llevaba a misa casi a diario, y recuerdo cómo la luz se filtraba a través de las vidrieras, proyectando patrones coloridos en las paredes de la iglesia. El aire siempre estaba cargado de incienso, y el sonido de las oraciones susurradas llenaba el espacio. Me sentía segura allí, como si nada en el mundo exterior pudiera tocarnos mientras estuviéramos dentro de esos muros sagrados. La voz del sacerdote, profunda y tranquila, fue una constante en mi vida, un recordatorio de que, pasara lo que pasara, teníamos a la iglesia y nos teníamos los unos a los otros.

Realmente disfrutamos de la vida allí. Había algo mágico en la simplicidad de todo: el hecho de que todos se conocieran entre sí y la forma en la que todos estábamos unidos por las mismas creencias, los mismos rituales. La comida que comíamos, la forma en que celebrábamos, la forma en que llorábamos, todo era lo mismo. Había consuelo en esa monotonía, una especie de calidez que llegaría a extrañar más de lo que me daba cuenta.

Entonces llegó el día en que todo cambió. Nos mudamos a los Estados Unidos y, de repente, el mundo era cinco veces más grande. Fue abrumador de una manera que no puedo describir completamente. Recuerdo llegar a nuestro nuevo hogar en Los Ángeles y sentirme como si me hubieran sumergido en un universo completamente diferente. Los edificios eran más altos, las calles más anchas, y la gente... había tanta gente, y todos se veían diferentes. No se parecía a nada que hubiera visto antes.

Yo era solo una niña entonces, demasiado joven para entender completamente lo que estaba sucediendo, pero lo suficientemente mayor como para sentir el peso de ello. El mundo que una vez había sido tan pequeño, tan familiar, ahora era vasto y desconocido. Todo se sentía más grande, demasiado grande, demasiado rápido, demasiado. Pero no tuve más remedio que adaptarme. Poco a poco, comencé a diseccionar este nuevo mundo, tratando de encontrarle sentido, tratando de encontrar mi lugar en él.

La iglesia seguía allí, pero no era la misma. En Guadalajara, la fe estaba entretejida en cada parte de nuestras vidas, pero aquí, parecía ser algo que la gente hacía los domingos y luego se olvidaba durante el resto de la semana. Todavía íbamos a la iglesia, pero no se sentía tan profunda y abarcadora como lo era en Guadalajara. Era solo otro edificio, otro lugar a donde ir, en lugar de ser el centro de nuestro mundo. Pero aun así, mi familia se aseguró de que la fe siguiera siendo parte de nuestra vida diaria. Todas las noches, antes de acostarnos, orábamos juntos, con mis hermanas mayores a la cabeza. Y todas las mañanas, antes de irnos a la escuela, rezábamos de nuevo, pidiendo protección, orientación y fuerza.

Pero el mundo fuera de nuestra casa era diferente. Ya no eran solo mexicanos: gente que se parecía a nosotros, que creía como nosotros, que vivía como nosotros. Había tantos tipos diferentes de personas, diferentes rostros, diferentes idiomas, diferentes comidas, diferentes todo. Nunca me había imaginado que pudieran existir tantos tipos diferentes de personas en un mismo lugar. En la escuela, me encontré rodeada de niños que no hablaban español y que no sabían nada sobre la vida que había dejado atrás. Era como si me dejaran caer en una tierra extranjera sin un mapa, y me dejaban que lo descubriera por mi cuenta.

Al principio fue difícil. Extrañaba la comodidad de Guadalajara, la forma en que todo se sentía familiar y seguro. Echaba de menos la iglesia, por la forma en que había sido el centro de todo. Echaba de menos la forma en que la vida tenía sentido. Pero a medida que pasaba el tiempo, empecé a adaptarme. Empecé a ver que este nuevo mundo, por extraño y abrumador que fuera, tenía su propio tipo de belleza. Había cosas aquí que nunca había experimentado antes, cosas que me desafiaron y que me hicieron crecer.

Empecé a diseccionar cada parte de nuestro nuevo entorno, tratando de encontrarle sentido a todo. Empecé a ver que este nuevo lugar, con todas sus diferencias, no era algo a lo que temer, sino algo a explorar. Aprendí que las personas pueden ser diferentes en un millón de maneras y aun así ser amables, ser buenas y seguir siendo dignas de ser conocidas. Aprendí que había más de una manera de vivir, más de una manera de creer, más de una manera de ser.

Y a pesar de todo, mi familia siguió siendo mi ancla. Mis hermanas, especialmente, fueron una fuente constante de fortaleza para mí. Me guiaron a través de las oraciones, a través de la escuela y a través de los desafíos de adaptarme a una nueva vida. Me ayudaron a aferrarme a los valores que habíamos traído de Guadalajara, incluso mientras aprendíamos a navegar por este nuevo mundo. Y al final, fue ese equilibrio, entre aferrarnos a nuestras raíces y abrazar lo nuevo, lo que me ayudó a encontrar mi camino.

Mirando hacia atrás ahora, puedo ver que ambos mundos, el que dejé atrás en Guadalajara y el que conocí en los Estados Unidos, dieron forma a lo que soy hoy. Me enseñaron que la fe, la familia y la comunidad son lo más importante, sin importar dónde estés. Me enseñaron que la vida está llena de cambios, pero son los valores que llevas contigo los que te mantienen con los pies sobre la tierra. Y me enseñaron que, incluso cuando el mundo se siente demasiado grande, demasiado rápido, demasiado todo, siempre hay una manera de encontrar tu lugar en él.

Adaptarse a la vida en los Estados Unidos fue un choque cultural al principio. Todo parecía tan diferente: el idioma, la gente, la forma en que funcionaban las cosas. Recuerdo sentirme fuera de lugar, como si estuviera afuera mirando hacia adentro. Pero a medida que pasaba el tiempo y empecé a entender el idioma, me di cuenta de que tal vez las cosas no eran tan diferentes después de todo. Una vez que conocí a las personas que me rodeaban, descubrí que, en muchos sentidos, se parecían mucho a mí. Claro, es posible que se vieran diferentes o comieran diferentes alimentos en casa, algunos provenían de partes del mundo de las que solo había oído hablar, pero en el fondo, todos éramos solo niños tratando de darle sentido al mundo.

Recuerdo que hice amigos y descubrí que compartíamos los mismos miedos y las mismas alegrías. Teníamos miedo de no encajar, de reprobar nuestros exámenes, de decepcionar a nuestras familias. Nos reíamos de los mismos chistes, jugábamos a los mismos juegos y esperábamos con ansias el recreo con la misma emoción. No importaba de dónde viniéramos o qué idioma habláramos en casa; todos estábamos en el mismo barco, navegando por los altibajos del crecimiento.

Muchos de mis compañeros de clase habían nacido y crecido en los Estados Unidos, por lo que estaban por delante de mí en sus estudios. No tenían que superar la barrera del idioma, y parecían tan confiados y seguros de sí mismos. Para mí, fue una lucha mantener el ritmo, entender lo que decía el maestro, seguir en clase. Pero en lugar de sentirme derrotada, los vi como modelos a seguir. Eran lo que yo quería ser: fluidos en el idioma, conocedores de las materias y cómodos en este nuevo mundo. Así que trabajé duro para ponerme al día, decidida a ser como ellos y pertenecer al entorno de la misma manera que ellos.

Otra parte de la adaptación a esta nueva vida fue la comida. En

México, siempre hemos comido comidas tradicionales mexicanas: tortillas, frijoles, arroz y salsas en colores y texturas variadas que le dan a nuestros platos un sabor único. Pero aquí, me presentaron alimentos de los que nunca antes había oído hablar. La comida china, la comida italiana, la pizza, eran cosas que al principio eran completamente extrañas para mí, pero rápidamente se convirtieron en parte de nuestra diversión. Recuerdo lo emocionadas que nos poníamos cuando mis hermanas mayores, que habían empezado a trabajar y a ganar su propio dinero, nos llevaban a comer. Fue un placer, no solo por la comida, sino porque fue un tiempo que pasamos juntos, explorando este nuevo mundo de sabores sin la presencia de nuestro padre. Caminábamos a los restaurantes cercanos, riendo y hablando, saboreando la libertad que venía con esos momentos.

Una de las mayores diferencias entre la vida en México y la vida en los Estados Unidos fue el sentido de independencia que nos empujaron a desarrollar. En México, sobre todo cuando éramos niñas, nos cobijábamos. Siempre había alguien vigilándonos, asegurándose de que no nos alejáramos demasiado y de que nos mantuviéramos dentro de los límites que se consideraban seguros. No se nos animó a explorar el mundo por nuestra cuenta; de hecho, a menudo se nos desalentaba. Nos enseñaron que el mundo podía ser un lugar peligroso, especialmente para las niñas, y que era mejor quedarnos cerca de casa, donde estaríamos protegidas.

Pero en los Estados Unidos, las cosas eran diferentes. Desde una edad temprana, nos animaron a ser independientes y a encontrar nuestro propio camino. Las oportunidades de trabajar para ganar dinero llegaron temprano, y con eso llegó un sentido de responsabilidad que no habíamos experimentado antes. Mis hermanas comenzaron a trabajar tan pronto como tuvieron la edad suficiente, ganando su propio dinero y aprendiendo a navegar por el mundo por su cuenta. No siempre fue fácil, pero fue empoderador. Fue una oportunidad para salir de la vida protegida que habíamos conocido en México y comenzar a construir nuestros propios caminos.

Ese impulso hacia la independencia me cambió. Me obligó a crecer más rápido, a aprender a cuidarme y a encontrar mi propio camino en un mundo que seguía siendo nuevo y desconocido para mí. Pero también me dio confianza, una sensación de fuerza que no sabía que tenía. Me demostró que podía manejar más de lo que jamás había imaginado y que era capaz de más de lo que yo misma creía. Y me enseñó que, incluso en un mundo que parecía tan diferente, siempre había una manera de encontrar puntos en común, conectarse con los demás y crear un hogar fuera de tu tierra natal.

Los recuerdos de caminar a la escuela a la edad de diez años me abruman cuando miro hacia atrás. Tenía miedo de salir y enfrentarme al mundo sola. Como dijo Ralph Waldo Emerson: *"La única persona en la que estás destinado a convertirte es la persona que decidas ser"*. Vencí mis miedos y avancé. Esa decisión me hizo más fuerte de lo que jamás pensé que podría ser. Me pregunto si sería la persona que soy hoy si no lo hubiera hecho esa vez.

Recuerdo el verano cuando tenía solo 14 años, dos años antes de que tuviera la edad legal suficiente para trabajar. Para entonces, ya había visto a mis hermanas mayores irse a sus trabajos, ganar su propio dinero y adquirir un sentido de independencia que me fascinaba. Observé de cerca, prestando atención a cómo abordaban el trabajo y cómo administraban su tiempo. No se trataba de ganar dinero; se trataba de entrar en el mundo en sus propios términos, y yo estaba ansiosa por hacer lo mismo. Había visto la confianza que les daba, la forma en que les cambiaba la vida, y yo también quería eso.

Así que, a pesar de que todavía me faltaban un par de años para cumplir los 16 años, la edad en la que la mayoría de los niños podían empezar a trabajar legalmente, decidí buscar un trabajo para mí. Para entonces ya conocía la dinámica. Había observado cómo se comportaban mis hermanas, cómo se acercaban a la gente para trabajar, cómo hacían su propio camino. Sabía que no sería fácil, sobre todo porque no tenía la ventaja de que un hermano me trajera a un trabajo. Solo sucedió una o dos veces que una de mis hermanas me llevó y me ayudó a ser contratada en un lugar donde ya trabajaban. Pero la mayoría de las veces, estaba sola. Y eso fue un reto.

Pero también fue emocionante. Recuerdo la emoción de conseguir ese primer trabajo y el orgullo que sentí cuando pude trabajar durante el verano y ganar mi propio dinero. Fue un pequeño paso, pero significó todo para mí. Cuando la escuela comenzó de nuevo, seguí trabajando a tiempo parcial, equilibrando mis tareas escolares con mis nuevas responsabilidades. No siempre fue fácil, pero estaba decidida a hacer que funcionara. Me gustaba la sensación de independencia y la sensación de control sobre mi propia vida. Era algo nuevo, algo que no había experimentado de la misma manera antes.

Mirando hacia atrás, me doy cuenta de que esos primeros trabajos, esos primeros pasos en el mundo laboral, jugaron un papel importante en la formación de la persona en la que me convertí. Me empujaron a ser independiente y a aceptar los cambios y desafíos que venían con la vida en un nuevo país. Hasta la edad de cinco años, mi vida había sido en México, rodeada de familia, tradición y un mundo que me resultaba familiar. Pero cuando regresamos a los Estados Unidos, me encontré con una realidad completamente diferente, una que era más grande, más compleja y llena de nuevas posibilidades.

Aunque nací en los Estados Unidos, solo pasé los primeros cinco meses de mi vida allí antes de mudarme a Guadalajara, México. No fue hasta que tuve cinco años que regresamos, y sentí que estaba comenzando de nuevo en un lugar que se suponía que era mi hogar, pero que aún se sentía extraño. Pero a medida que crecía, comencé a entender que tal vez aquí era donde estaba destinada a estar todo el tiempo. Las luchas, los desafíos, las nuevas experiencias, todo era parte de lo que me estaba moldeando en la persona en la que me estaba convirtiendo.

Esa sensación de independencia y de aprender a navegar por el mundo por mi cuenta fue algo que se me quedó grabado. Era diferente a la vida que había conocido en México, donde todo estaba más resguardado y más controlado. Aquí, me empujaban a crecer más rápido, a asumir responsabilidades y a descubrir las cosas por mí misma. Y a pesar de lo difícil que fue a veces, también me dio un sentido de fuerza y propósito. Me enseñó que podía manejar lo que se me presentara, que podía adaptarme a las nuevas circunstancias y que tenía un lugar en este mundo, aunque al principio no siempre lo sintiera así.

Así que, aunque mis primeros años en México habían estado llenos de amor y tradición, mi vida en los Estados Unidos me estaba enseñando un conjunto diferente de lecciones: lecciones sobre la independencia, la paciencia y cómo encontrar mi camino en un mundo que cambiaba constantemente. Y por mucho que extrañara la simplicidad de la vida en Guadalajara, comencé a aceptar las diferencias, dándome cuenta de que me estaban convirtiendo en alguien que podría prosperar en este nuevo entorno.

Reflexionando sobre mi viaje hasta ahora, siento una sensación de gratitud por haber tenido la oportunidad de vivir mi vida aquí en los Estados Unidos. Una profunda nostalgia me invade cada vez que pongo un pie en México, un eco tangible de la vida que una vez conocí, la vida que dejé atrás. Las personas, los lugares y las culturas me traen todos los recuerdos felices y tristes, y aprecio la vibra de estar allí. Sin embargo, si miro hacia atrás, a mi infancia cuando pasaba los veranos en México, me encanta esa sensación. Solía pensar que era mi casa. Siempre buscaba volver a donde estaba mi gente. Sentía un abrazo reconfortante de hogar que me envolvía. Dos de mis hermanas estaban casadas y vivían allí. Antes se creía que uno no podía salir de su patria, y México lo era para nosotros, pero el tiempo ha cambiado eso.

El barrio de Guadalajara donde vivíamos era pequeño pero animado. Imagínate una cuadra con tal vez 22 o 24 casas, 10 o 12 a cada lado de la calle y dos más en la parte superior. Las cuadras eran cortas, por lo que en unos 15 minutos, se podía caminar fácilmente esa parte de la ciudad. Cada rincón de esa ciudad me resultaba familiar, pero nada estaba tan profundamente arraigado en mi memoria como la casa de mi abuela paterna.

Su casa estaba en una de esas cuadras, e incluso ahora, los detalles de ella están grabados en mi mente tan vívidamente como si estuviera caminando hoy dentro de ella. Se entraba por una puerta metálica que daba a un pequeño patio. En ese patio había un árbol que daba limas dulces. Recuerdo ese árbol, la forma en que sus ramas se mecían suavemente con la brisa y la forma en que su fruto olía al sol. Debajo de ese árbol había un fregadero de piedra, aunque llamarlo simplemente un fregadero no le hace justicia. Estaba hecho de roca, con una cuenca profunda para contener el agua y un lado inclinado donde se fregaba la ropa. No era raro que la gente del barrio lavara su ropa de esta manera, ya que muchos no tenían lavadoras en ese entonces. Mi abuela tampoco.

Todavía puedo verla de pie allí, restregando la ropa en esa piedra áspera, sus manos moviéndose con la familiaridad de una rutina que había hecho innumerables veces. Sin embargo, nunca me dejó ayudarla. Yo era demasiado joven, y ella siempre tenía a mis primos mayores u otros miembros de la familia para que me echaran una mano. Después de lavar la ropa, la colgábamos en el piso de arriba para que se secara. En casas como la de mi abuela, a menos que tuvieras un segundo piso con habitaciones, la azotea era el espacio de secado, donde los tendederos se extendían de un extremo al otro, atrapando el sol.

El diseño de su casa era simple pero práctico, construido para el flujo de la vida familiar. A la izquierda del patio estaba el cuarto de baño, técnicamente todavía afuera, pero dentro de los confines de la casa. Lo siguiente era la cocina, donde mi abuela siempre parecía estar preparando algo. Tenía todo lo que necesitabas, aunque era modesta. Más allá de la cocina estaba el comedor y luego unas escaleras que conducían a la azotea, donde colgamos la ropa.

Abajo, a la derecha, estaba la sala de estar, un espacio bastante grande, aunque gran parte de él estaba ocupado por dos camas individuales. Esas camas siempre estaban listas para los miembros de la familia que venían a quedarse, y una de ellas pasaba a ser mía cada vez que la visitábamos. Otra habitación se ramificaba de la sala de estar, donde dos de mis primos se quedaban con mi abuela. La casa siempre estaba llena de mujeres; esto incluía a las hijas de mi abuela, que venían a visitarme a diario, mujeres fuertes y decididas que cuidaban de sus hogares y de sus hijos pequeños y, además, se aseguraban de que el hogar de su madre funcionara sin problemas.

Estas mujeres: mi abuela, mis tías y mis primas, eran el corazón de esa casa. Lo llenaron de calidez y risas, nos enseñaron los valores que nos formaron. Eran cuidadoras, no solo del hogar, sino de nuestros corazones y mentes, inculcándonos la fuerza y la resistencia que llevaríamos al mundo.

Incluso ahora, esa casa ocupa un lugar especial en mi memoria. Todavía existe, aunque ya no es mi refugio de descanso cuando lo visito. Después de que mi abuela falleció, lo dividieron por la mitad: una parte para el primo que se había quedado con ella todos esos años y la otra mitad para mí. Pero a los 22 años, era demasiado joven y no tenía los medios para cuidarlo. No necesitaba la casa y no tenía los recursos para mantenerla, así que se la pasé a otro primo que estaba a punto de casarse. Me sentí bien en ese momento, pero esa casa, con su fregadero de piedra y su tilo dulce, siempre será parte de mí.

La casa de Guadalajara, la que dejó mi abuela, ahora está ocupada por uno de sus bisnietos, que está criando a su familia allí. Es reconfortante saber que la vida continúa dentro de esas paredes y que el calor de la familia permanece incluso después de todos estos años. Muchas de las casas de ese vecindario eran similares, modestas pero llenas de carácter y vida. Con el tiempo, la gente ha añadido segundos pisos, haciendo sus casas más grandes y, en algunos casos, más bonitas. Pero no todas han resistido. Algunas se están cayendo a pedazos y se descuidan a medida que pasa el tiempo. A menudo, los padres han fallecido y, sin documentos sólidos para transmitir la casa, se han quedado vacías y abandonadas.

A pesar de eso, las calles fuera de esas casas siempre estaban llenas de vida cuando yo era niña. Jugábamos afuera con los niños del barrio, corriendo de un lado a otro de la cuadra hasta las 10 de la noche, y estábamos a salvo. Incluso a esa hora, todavía se podían escuchar las risas resonando en las calles mientras los niños jugaban bajo las tenues luces. A las 10 de la noche, sin embargo, todos sabían que era hora de entrar. Era un pueblito donde se podía ir andando a la tienda o a la casa de un familiar, incluso a las 9 de la noche sin miedo. Me sentía como en casa: cálida, segura, en familia.

Llegar a la gran ciudad de Los Ángeles fue un shock. Tan pronto como se ponía el sol, el miedo se apoderaba del lugar. No podías estar afuera después del anochecer, al menos no solo. Las calles eran diferentes aquí, más tranquilas, pero de una manera que se sentía peligrosa. Había momentos en que volvíamos a casa del centro de la ciudad, y cuando era niña, me bajaba del autobús y corría por la calle si estaba oscuro, con el corazón latiendo con fuerza porque nunca se sabía lo que podía pasar. Siempre había la sensación de que alguien estaba al acecho, listo para robar tu bolso o algo peor. No era como Guadalajara, donde las calles estaban vivas y te sentías seguro.

Las casas también eran diferentes. Las casas en las que crecimos, junto con las tres casas de alquiler en las que vivíamos antes de que mi papá finalmente comprara una, eran todas pequeñas casas de cabaña de madera construidas en la década de 1900. La casa que papá finalmente pudo comprar en el verano de 1968 era una casa de tres dormitorios con una amplia sala de estar y una mesa de comedor para seis personas detrás de ella; dos de los tres dormitorios estaban ubicados en el lado derecho de la sala de estar y el comedor, la cocina estaba al lado a través de una puerta justo detrás del comedor, una puerta que siempre permanecía abierta. A la derecha de la cocina estaba el baño. Detrás de la cocina había otra puerta que conducía a un pasillo; la puerta trasera estaba a la izquierda y el lavadero estaba en el lado derecho. Pasando por el pasillo estaba el tercer dormitorio donde dormían papá y mi hermano Tony, quien odiaba tanto esa habitación que terminó durmiendo en el sofá de la sala de estar.

El patio trasero era pequeño; el garaje para dos coches estaba al lado. Mi papá tenía muy buena mano para la jardinería y le encantaba plantar cosas. Creó un hermoso jardín en el patio trasero y delantero de la casa. La gente del vecindario a menudo se detenía para admirar el jardín delantero. Esa casa, a su manera, también era su hogar. Pero no era el mismo tipo de casa que las de México. Faltaba algo, cierta calidez. Tal vez fueron las personas las que marcaron la diferencia. En Guadalajara fueron mi abuela paterna, tías y primas, mujeres fuertes que llenaron la casa de amor y vida. En Los Ángeles, éramos solo nosotros, y mientras estaba en casa, el ambiente se sentía más frío y distante. Mi papá lo intentó, pero lo tuvo difícil, y eso se reflejó en cómo vivíamos todos. Aun así, siempre tuvimos ese hogar, aunque no tuviera la misma sensación de confort que habíamos conocido en México. Era cálido, hogareño, algo que se queda contigo como la sensación tangible de tenerlo en tus manos. Al crecer, la vida en México giraba en torno a la familia, la iglesia y los ritmos del trabajo. Los padres solían ser el sostén de la familia, aunque algunas madres también trabajaban.

Lo que hacía que la vida en México fuera única, eran las frecuentes vacaciones que permitían a las familias pasar tiempo juntas de verdad. No sé si todavía funciona de esa manera, pero en aquel entonces, muchas fábricas cerraban durante dos semanas alrededor de Navidad. Este descanso dio a las familias la oportunidad de estar juntas, disfrutando de la temporada navideña. Después de Navidad, muchas familias se dirigían a la playa, ya fuera en auto o en autobús, alojándose en hoteles modestos según lo que pudieran permitirse. Pero cuando era niña, nada de eso importaba: estar con la familia, comer fuera, explorar nuevos lugares y nadar en el agua tibia era lo que hacía que esos viajes fueran especiales. El clima entre octubre y febrero era ideal para salidas a la playa antes de que el calor se volviera insoportable.

La Pascua era otra fiesta importante en la que la gente se tomaba un tiempo libre. Eran dos semanas de vacaciones, la primera de las cuales se dedicaba para conmemorar la Semana Santa, recordando los acontecimientos que condujeron a la muerte de Cristo. Era una época profundamente religiosa, marcada por los rituales y la cercanía a la iglesia. Después de la solemnidad de la Semana Santa, la segunda semana era un tiempo para la relajación y la celebración, a menudo en la playa o visitando a la familia. Algunas personas incluso viajaban a los Estados Unidos o a la Ciudad de México si tenían familia allí.

El Día de la Independencia, el 15 de septiembre, era otra gran ocasión. Mucha gente lo confunde con el 5 de mayo, pero eso es solo una pequeña celebración de una sola batalla contra los franceses. El Día de la Independencia es cuando México celebra su libertad de la Inquisición española con orgullo y patriotismo. Estas festividades y tradiciones se entretejieron en el tapiz de nuestras vidas, uniendo a las familias y reforzando nuestra conexión con nuestra herencia.

En México, el tiempo y las tradiciones familiares eran muy apreciados. El Día de la Independencia, que celebraba la liberación de los españoles, era un evento importante. Tuvimos una semana entera de descanso, y fue un momento de reuniones familiares, risas y mucha comida. En Guadalajara, y en muchas partes de México, la comida principal del día era entre la 1 y las 3 de la tarde. Nuestra familia siempre se sentaba junta a las 2 de la tarde, compartiendo historias, riendo y disfrutando de la compañía de los demás. Esas comidas fueron el corazón de nuestra conexión.

Recuerdo con cariño el tiempo que pasé con el lado de la familia de mi madre. Su hermano, su esposa y el único primo que tengo por parte de mamá siempre nos incluían a Sheila, Tony, Lupe y a mí en sus festividades y salidas familiares cuando pasábamos nuestras vacaciones de verano en Guadalajara. La hermana de mi mamá, Nina José, nos llevaba al centro de Guadalajara para comprarnos zapatos y ropa, y luego nos invitaba a comer en un restaurante antes de regresar a casa. A las 7 p. m., las calles cobraban vida y todos salían a disfrutar de los bocadillos de los vendedores. La comida era una parte central de la vida allí, y hacía que esos momentos se sintieran aún más ricos.

Venir a los Estados Unidos, sin embargo, fue diferente. Aquí, la vida es más acelerada y no hay tanto tiempo para pasar con la familia. Si estás trabajando, tienes suerte si tienes el 24 libre por Navidad, el 25 por el día de Navidad y luego vuelves a trabajar el

26. Año Nuevo y Pascua son lo mismo. Las exigencias del trabajo en los EE. UU. hacen que sea difícil encontrar tiempo de calidad con la familia. A pesar de que podrías estar mejor económicamente, el tiempo que pasas con tus hijos aquí no se compara con lo que teníamos en México.

Aquí, las familias a menudo crecen con hermanos mayores que cuidan a los menores porque los padres están ocupados trabajando para llegar a fin de mes. Los fines de semana, es posible que tengas un día para ir a la iglesia, al parque o a la playa si tienes suerte. Pero es como estar en la carrera de la rata: hay comestibles que conseguir, niños que preparar y nunca hay tiempo suficiente. La contrapartida es que las vacaciones aquí pueden ser increíbles. Se pueden hacer viajes agradables, visitar a la familia en México o ir en cruceros que estaban fuera de nuestro alcance cuando éramos niños. El dólar rinde más cuando se va de visita, y se pueden hacer cosas que ahora son más asequibles.

Pero la diferencia en el estilo de vida es marcada. En México, todo gira en torno a la familia y la comunidad. Aquí, a medida que envejeces, pasas más tiempo con tus amigos del trabajo o la escuela porque los ves con más frecuencia que a tu propia familia. Los fines de semana se convierten en tiempo para pasar con amigos en lugar de con la familia. La distancia entre casas puede ser de 25, 30 o incluso 40 minutos, por lo que no es como México, donde todo el mundo vive cerca y se puede visitar fácilmente.

Sin embargo, hay algo que decir sobre el equilibrio entre lo mejor de ambos mundos. Tomas lo que puedes de cada experiencia y la aprovechas al máximo, adaptándote a la vida y las oportunidades que ofrece cada lugar. Pero incluso con ese equilibrio, hay momentos en los que no puedes evitar sentir el peso de lo que se ha perdido, esos momentos fugaces de calidez, de unión, que ninguna cantidad de éxito o distancia puede devolver. Avanzas, llevando los ecos de esas risas, esas comidas compartidas y la sensación de hogar que persiste mucho después de que se hayan cerrado las puertas.

Creo que cuando creces con una familia que lleva valores de sus antepasados, y se aferran a ellos y los transmiten, se convierte en algo realmente especial. Es como tener una hoja de ruta que te guía hacia donde quieres estar y los valores que quieres transmitir a tus hijos. Para nosotros, esa base vino de nuestras abuelas, que fueron una parte muy importante de nuestras vidas cuando vivíamos en México. Nos inculcaron un profundo sentido de familia, fe y tradición, valores que nos moldearon, al igual que moldearon a nuestros primos del lado de mi padre, que se criaron en la misma ciudad. Estas creencias, especialmente la importancia de Dios y la oración, se convirtieron en la piedra angular de nuestras vidas.

Incluso durante los años rebeldes de la adolescencia o aquellos tiempos confusos de nuestros veintes, esos valores permanecieron con nosotros, guiando silenciosamente nuestras decisiones. Ves a otros viviendo con lo que parece una libertad ilimitada, haciendo cosas sin pensarlo dos veces, y te preguntas por qué no eres como ellos. Tratas de encajar, de explorar ese tipo de libertad, pero siempre hay algo que te hace retroceder. Te das cuenta de que fuiste criado de manera diferente, con una brújula moral distinta, y esa brújula no te permite alejarte demasiado.

Traté de transmitir esos valores a mis hijos. A veces, parecía que no estaban escuchando, pero a medida que crecían, vi cuánto absorbían. Esa fuerte influencia de la familia, que nos recuerda constantemente que debemos mantenernos en el camino correcto, también dejó un impacto en ellos.

Pero había otro lado de mi educación. Al crecer en los Estados Unidos, me volví más independiente de lo que hubiera sido si me hubiera quedado en México. Vivir aquí me abrió nuevos caminos, mostrándome que las mujeres también podían triunfar, que no eran solo los hombres los que tenían que ser el sostén de la familia. Estar aquí cambió mi perspectiva. Me dio la confianza para creer que podía valerme por mí misma y que no tenía que depender de un hombre para mi seguridad. Los valores familiares seguían siendo el núcleo de lo que era, pero la independencia que obtuve aquí me dio la fuerza para saber que si la vida alguna vez daba un giro inesperado, estaría bien por mi cuenta.

Obtener mi carrera, obtener mis propios ingresos y saber que si mi matrimonio no funcionaba, yo estaría bien, al igual que mis hijos, era importante para mí. Pero también me di cuenta de que nadie me iba a entregar esa seguridad en bandeja de plata. Tuve que construirla yo misma. Mi familia siempre estuvo ahí, pero no de una manera que me apoyara demasiado, ni emocional ni financieramente. Era más como un estímulo silencioso, ver cómo mis hermanas navegaban sus vidas, especialmente después de que sus propios matrimonios terminaron.

PERLAS DE MAMÁ

Dos de mis hermanas mayores se casaron jóvenes, mucho antes de que estuvieran realmente listas. Pasaron por dolorosos divorcios y tuvieron que independizarse, descubriendo cómo ser las únicas proveedoras de sus hijos. Verlas me hizo decidirme a no seguir el mismo camino demasiado rápido. No eran celos los que sentía, al contrario, sentía una profunda empatía por ellas. Tuvieron que luchar, reconstruirse y fortalecerse frente a las dificultades. Ruth, otra hermana, tenía un esposo que se deprimió gravemente después de perder su trabajo. Ella se hizo cargo, trabajando a tiempo completo para mantener a su familia hasta que él pudiera volver a ponerse de pie.

Al ver todo esto, supe que no quería apresurarme a casarme. Quería estar preparada, financiera y emocionalmente, para enfrentar lo que la vida me deparase. La insistencia de mi padre para que me casara joven, siendo la última soltera de sus hijas, y él pudiera sentir que su trabajo estaba hecho, me pesó. Pero resistí, con el apoyo de mi abuela, que le ayudó a ver que necesitaba tiempo. Eso fue un alivio, y aunque vi que a mis hermanas les iba bien al final, todavía quería asegurarme de que mi historia fuera diferente.

Ver a mis hermanas mayores navegar por sus vidas me enseñó mucho. No se trataba de seguir sus pasos, sino de aprender de sus decisiones, tanto las buenas como las difíciles. Vi su fuerza y resistencia, pero también vi las luchas que conllevaban casarse joven y sin preparación. Admiraba su moral y cómo se comportaban antes del matrimonio, y quería emular eso. Quería evitar meterme en problemas a una edad temprana, como algunas de las chicas que veía a mi alrededor.

Una lección que se me quedó grabada ocurrió cuando tenía 14 años. Acepté un trabajo de verano a través de nuestro programa de escuela secundaria local, donde mentí sobre mi edad para obtener un permiso de trabajo. Mi hermana me ayudó con eso, y terminé trabajando en una organización sin fines de lucro, llenando sobres. Parecía un trabajo sencillo y directo, pero la experiencia dejó un impacto duradero en mí. Había otros estudiantes allí, pero tres de las niñas eran de un hogar para adolescentes embarazadas. Eran solo unos años mayores que yo, tal vez 15, 16 y 17. Una ya había dado a su bebé en adopción, otra estaba a punto de dar a luz, pero la tercera niña... su historia me sacudió hasta la médula.

Estaba embarazada de siete meses, estaba enojada y con el corazón roto porque su novio no había ido a verla durante unas semanas. Luego descubrió que él había estado saliendo con otra persona durante mucho más tiempo que con ella. Estaba devastada. Entonces, dejó de presentarse a trabajar y nunca regresó. Cuando les pregunté a las otras chicas qué había pasado, me dijeron que había intentado abortar a su bebé con una percha de alambre en la bañera y lo había perdido. Esto lo hizo por despecho y enojo.

Escuchar eso me dio escalofríos. Ya había visitado su casa y había visto cómo vivían: una casa grande con seis habitaciones, dos niñas por habitación. Pero saber lo que había hecho me hizo darme cuenta de lo frágil que puede ser la vida, especialmente a esa edad. No podía imaginar pasar por algo así, y se convirtió en un punto de inflexión para mí. Juré que nunca dejaría que eso me pasara a mí.

PERLAS DE MAMÁ

No tenía ni a mi mamá ni a mi papá cerca para guiarme, y la idea de terminar sin pensar en una situación similar me aterrorizaba.

Ver por lo que pasó esa chica me hizo más fuerte. Fue una lección que me tomé muy en serio: tener cuidado con mis elecciones, valorarme a mí misma y nunca dejar que la ira o el dolor me empujaran a tomar una decisión de la que no pudiera retractarme. Ese momento selló mi determinación de trazar un camino diferente para mí.

Cuando nos mudamos aquí por primera vez, no pasó mucho tiempo antes de que nos encontráramos en medio de importantes eventos históricos. En 1968, poco después de que nos hubiéramos instalado, estallaron disturbios debido al movimiento por los derechos civiles, que estaba ganando impulso. El asesinato de Martin Luther King Jr. en abril de ese año conmocionó a la comunidad negra y a toda la nación. A pesar de que muchos probablemente anticiparon que algo así podría suceder, fue un momento devastador. Afectó profundamente a nuestra escuela y a los maestros negros allí, dejando a todos conmocionados.

Apenas dos meses después, en junio de ese mismo año, justo antes de que nuestra escuela cerrara por el verano, Robert Kennedy fue asesinado en el Hotel Ambassador, a solo unas millas de mi escuela. Luego de eso, ese hotel fue demolido y reemplazado por una escuela secundaria. Mi padre, un demócrata acérrimo que admiraba a la familia Kennedy, se vio profundamente afectado por esta tragedia. El clima político era tenso y caótico, y yo solo era una niña de nueve años, tratando de encontrarle sentido a todo.

SYLVIA VILLASEÑOR

Teníamos miedo. No entendíamos del todo lo que estaba pasando, pero sentíamos miedo en el aire. Mi papá también estaba ansioso, y eso hizo que las cosas fueran aún más inquietantes. Estábamos viviendo la historia, pero en ese momento, se sentía como incertidumbre y miedo. Recuerdo haber escuchado en las noticias que debíamos dormir con los zapatos puestos, listos para correr si nuestra casa se incendiaba durante los disturbios. Los disturbios no estaban tan cerca de nosotros, pero cuando era niña, la idea de que algo así sucediera era aterradora.

Ese año, 1968, fue uno de los más duros. Acabábamos de mudarnos aquí y, de repente, estábamos viviendo acontecimientos importantes que pasarían a la historia. Mirando hacia atrás, me doy cuenta de que fuimos parte de esa historia, incluso si solo éramos espectadores. La lección que aprendí de ese momento es que la gente luchará por sus derechos, incluso si eso significa arriesgar sus vidas. Esa era la realidad del mundo en el que estábamos, y me dejó una impresión duradera.

Mi padre era demócrata, profundamente comprometido con el Partido Demócrata, en gran parte debido a su situación económica. Creía que los demócratas ofrecían más apoyo a las familias que tenían dificultades financieras, como nosotros, en comparación con los republicanos, quienes, en su opinión, a menudo adoptaban un enfoque de "encuentra tu propio camino". Durante las administraciones republicanas, se dio cuenta de que los recursos para las personas con menos, a menudo se recortaban, lo que dificultaba aún más la vida de quienes ya estaban luchando. El trabajo de mano de obra pagaba lo suficiente para pagar las cuentas y llevar comida a la mesa.

Era un gran admirador de Robert Kennedy porque veía en él una continuación de lo que su hermano, John F. Kennedy, había intentado hacer durante su presidencia. Mi papá probablemente se benefició de esas políticas y apreciaba a los líderes que abogaban por las personas necesitadas. También admiraba a Martin Luther King Jr., quien tuvo el coraje de liderar a su pueblo a través de una época tan tumultuosa, luchando contra años de opresión.

Esta admiración por los líderes que defendieron a los marginados influyó en todos nosotros. Vimos el mundo a través de sus ojos, y crecimos valorando a aquellos que extendían una mano amiga a los que más lo necesitaban. Las creencias de mi padre tuvieron un impacto duradero en nuestra familia, moldeando nuestros valores y nuestra perspectiva de la vida.

En el verano de 1976, tenía 17 años y buscaba desesperadamente un trabajo de verano para comprar ropa porque, en septiembre, cuando comenzaran las clases, estaría en mi último año de secundaria. Tuve la suerte de encontrar un trabajo de inmediato en una tienda departamental no muy lejos de casa. Era una tienda especializada exclusiva llamada Bullock's Wilshire. La tienda solo vendía productos blandos, como ropa, perfumes, papelería y cubiertos, excluyendo productos duraderos como electrodomésticos o muebles. Me contrataron de inmediato como un "flotador" a tiempo parcial, lo que significa que me movería de un departamento a otro en función de sus necesidades.

SYLVIA VILLASEÑOR

El primer departamento que me asignaron fue el Playdeck, ubicado en el piso intermedio. El encargado del almacén se había ido de vacaciones durante dos semanas y el gerente del departamento estaba desesperado por una chica de almacén temporal. La gerente de compras de ese departamento era una mujer que viajaba por el mundo en busca de mercancía exclusiva y era conocida por ser extremadamente exigente. Ella estuvo ausente la primera semana que trabajé allí, pero debía regresar la segunda semana, cuando me asignarían trabajar en el Playdeck. Los vendedores y asistentes de compras me enseñaron a manejar las diversas marcas de ropa que tenían: artículos de lujo que atendían a viajeros mayores, con pantalones a un precio de 92 dólares y chaquetas a 300 dólares. Mi trabajo consistía en mantener limpios los probadores y volver a sacar la ropa al piso de venta rápidamente.

Cuando la gerente de compras regresó la segunda semana y salió de su oficina para encontrarse con su chica de stock temporal, solo para asegurarse de que estaba haciendo bien mi trabajo, ¡Señor, ten piedad de mí! Me sorprendió sentada en medio del almacén unos minutos después de que acababa de regresar de mi hora de almuerzo. En mi defensa, el almacén era un desastre y estaba abrumada, tratando de averiguar cómo organizar las 70 piezas de mercancía para que fuera más fácil sacarlas lo más rápido posible. La gerente de compras era una señora cubana de baja estatura, de voz fuerte y acento grueso. Me lo permitió, diciéndome que si no limpiaba el almacén en media hora, me enviaría a Recursos Humanos y se aseguraría de que nunca volviera a trabajar allí. Me asustó tanto que después de que se fue pisoteando sus botas italianas en el suelo, rápidamente me puse manos a la obra, cerrando y abotonando cada pieza de mercancía, y con la ayuda de las vendedoras, terminamos en 20 minutos. Una vez que regresó a los 25 minutos y comprobó el estado del almacén, se le cayó la mandíbula. Ella me miró con asombro y le pedí disculpas; algo cambió después de eso. Ella me miró y también me pidió disculpas. Después, me pidió que la siguiera hasta el piso para ayudarla con las exhibiciones. Comenzó a hablarme en español y me tomó bajo su protección después de eso. Estaba casada y sin hijos a los cuarenta años, y me dijo que sería mi tía Magda.

Esta mujer se convirtió en mi mentora. Ella me enseñó todo lo que necesitaba saber sobre el negocio y me animó a continuar mi educación. Terminé asistiendo al Fashion Institute para estudiar Merchandising, lo que más tarde me animó a transferirme a Cal State LA para obtener mi licenciatura en marketing. Una vez que me transferí a la Universidad, me ascendieron a ventas, donde también podía ganar una comisión para ayudar a cubrir mi matrícula y mis libros. Poco después fue ascendida a gerente de tienda en una de las sucursales ubicadas cerca de su casa y dejó Playdeck. Realmente la extrañé, pero su recuerdo siempre está conmigo. Durante el último trimestre de mis estudios universitarios, mi prima, que trabajaba en el sector inmobiliario, me preguntó si podía venderle un visón que estaba a la venta en el segundo piso. Había visto el anuncio en el periódico y vino a verme a la tienda. Le dije que sí, y luego me entregó un sobre con dinero en efectivo para pagarlo. Me quedé en shock y le pregunté cómo había conseguido ese dinero. Me dijo que eran ganancias legales y luego me contó a qué se dedicaba. Estaba en bienes raíces, en el lado financiero, y ya había ganado $50,000 en junio. Esto ocurrió en octubre; me quedé anonadada. Ella estaba haciendo préstamos hipotecarios, e inmediatamente pensé: "¿Cómo puedo inscribirme en eso?".

Solo estaba tomando una última clase que era todo lo que necesitaba para graduarme en diciembre del año 1985. Ella generosamente me dijo lo que tenía que hacer, y yo seguí cada paso que me decía. Tomé cursos de bienes raíces junto con ella, obtuve mi licencia en diciembre y también me gradué ese mes. Empecé a trabajar a tiempo parcial con mi prima, que me enseñó los entresijos. Mantuve mi trabajo de medio tiempo en Bullock's durante un año, pero finalmente, estaba ganando tan buen dinero en bienes raíces que renuncié a mi trabajo en la tienda y a mi sueño de convertirme en gerente de compras.

El cambio a los bienes raíces me ofreció un mejor salario, estabilidad y un estilo de vida más alineado con mis objetivos. Quería casarme y tener hijos, y me di cuenta de que la vida de gerente de compras, con todos los viajes y las exigencias, no era para mí. Fue un punto de inflexión importante, y esa decisión dio forma a mi futuro.

Cuando eres niño, piensas en muchas cosas. Comienzas a tejer grandes sueños. Ves celebridades en la televisión y manifiestas una vida como ellas. Quieres convertirte en esa persona que lo tiene todo. Pero algunos sueños están destinados a ser destrozados. Tienes que aceptar la dura realidad y adaptarte a lo que la vida ha planeado para ti; ya sea que lo ames o lo odies, tienes que hacerte amigo de las circunstancias con las que te encuentres y terminar vinculándote con ellas. Por lo tanto, me gustaba trabajar en la tienda, pero amaba hacer préstamos. Encontré un profundo sentido de compatibilidad en ese trabajo, hasta el punto en que ya ni siquiera lo veía como un trabajo, pero encontré un tipo diferente de comodidad y satisfacción al ayudar a las personas a obtener su financiamiento y mudarlos a nuevas casas, especialmente a los que han trabajado hasta los huesos para ahorrar lo suficiente para su pago inicial y calificar para un préstamo hipotecario. Fue uno de los sentimientos más felices de mi vida ser la persona que les entregó las llaves de sus nuevos hogares.

Creo que seguir una educación, como obtener un título, no se trata solo del conocimiento que adquieres, se trata de afianzar la disciplina de completar algo significativo. Ya sea que tome cuatro, cinco o seis años, es el compromiso de llevarlo a cabo. Para mí, comenzar con un título de asociado en comercialización fue un trampolín para convertirme en gerente de compras de una tienda departamental. Pero me di cuenta de que eso no era suficiente. Sentí la necesidad de prepararme más, así que me trasladé a la universidad para obtener mi licenciatura en marketing, un campo amplio y adaptable a varias trayectorias profesionales.

Me tomó cinco años completar mi carrera porque trabajaba 30 horas a la semana mientras iba a la escuela a tiempo parcial. Esa experiencia me enseñó que el título en sí, independientemente del campo, me moldeó de maneras que no esperaba. No se trataba de convertirse en médico, abogado o arquitecto. Mi título en marketing podría llevarme a cualquier número de roles en ventas, administración u otras áreas comerciales. El valor de la carrera no estaba necesariamente en el conocimiento específico que adquirí, sino en el hecho de que me tomé el tiempo para comenzar algo desafiante y lo hice hasta el final.

A veces, los empleadores ni siquiera se enfocan en tu rendimiento académico; se fijan en tu experiencia laboral y en el hecho de que hayas completado tu educación. Demuestra que posees estabilidad, determinación y resiliencia para comenzar algo y terminarlo, sin importar a dónde te lleve ese camino.

En aquel entonces, durante el movimiento de liberación de la mujer, recuerdo un comercial en particular que realmente se me quedó grabado. Era un comercial de televisión, y allí estaban estas mujeres con trajes de negocios. El mensaje tenía que ver con el empoderamiento, pero también destacaba la presión que se ejercía sobre las mujeres para que lo hicieran todo. El jingle decía algo así como: *"Puedo traer a casa el tocino"* (refiriéndose al dinero), *"freírlo en una sartén"* y aun así, *"nunca olvides que eres un hombre".*

Era una melodía pegadiza, pero pensándolo bien, también reflejaba las agotadoras expectativas puestas en las mujeres. Se esperaba que tuviéramos éxito profesional, que cuidáramos del hogar y que aun así mantuviéramos esta imagen ideal de una pareja que nos apoya. Ese tipo de presión es realmente agotadora. Fue una época de progreso, pero también estableció estándares increíblemente altos para que las mujeres los cumplieran, lo que no siempre era realista o justo.

PERLAS DE MAMÁ

La idea de que tienes que hacerlo todo puede ser abrumadora, pero encontrar el equilibrio y estar ahí para tus hijos es invaluable. Está bien no ser todo a la vez, estar presente es lo que realmente importa a largo plazo.

Pero luego te das cuenta, wow: ¡puedes lograr todo eso y seguir siendo una mujer de la era moderna! Trabajé tan duro que equilibrar mi vida personal y profesional se volvió imposible. Mi hija todavía está resentida conmigo hasta el día de hoy por no estar cerca. Sin embargo, encuentro paz al saber que les he dado a mis hijos una vida privilegiada, una vida con la que muchos solo pueden soñar pero nunca alcanzar. Si no hubiera estado allí para mantener a mis hijos, podrían haber sentido la presión de trabajar a una edad muy temprana, algo de lo que deseaba profundamente protegerlos. Quería que disfrutaran de su adolescencia, libres de las cargas de entrar en el mundo de los adultos demasiado pronto, un mundo en el que ganarse la vida puede eclipsar la magia fugaz de la infancia. Mi esperanza era que experimentaran la alegría y la libertad de la juventud sin el peso de las responsabilidades demasiado pronto.

Capítulo 4
Pruebas y tribulaciones

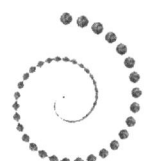

Algunas personas solo pueden ver la superficie brillante de tu vida desde afuera de la ventana, admirando lo que parece una existencia perfecta y privilegiada. Pero nunca conocerán la historia detrás de escena: los días y años invisibles de lucha, sacrificio y dolor que has soportado para llegar a este punto de estabilidad. Lo que presencian es solo el brillo, nunca las sombras que vinieron antes. Como dijo Molière: *"Cuanto mayor es el obstáculo, más gloria hay en su superación".*

Hay algo en ser arrojado a lo desconocido, una especie de bautismo de *fuego*, que te obliga a descubrir de qué estás hecho realmente. Mi transición a la escuela secundaria fue a los doce años. Me llevaron en autobús como parte de un programa de integración a un nuevo vecindario, me sentí exactamente como si estuviera en una prueba de fuerza, adaptabilidad y coraje. No se trataba solo de encajar en un entorno desconocido; se trataba de descubrir quién era yo cuando todo a mi alrededor era nuevo. Las cosas fueron emocionalmente desafiantes y moldearon mi perspectiva de la vida. El primer día que me bajé del autobús, sentí que había entrado en un mundo distinto. El vecindario era diferente, la escuela era diferente e incluso el aire parecía más ligero. No estaba segura de si era la emoción de un nuevo lugar o la sensación de seguridad que me rodeaba, pero algo en ese vecindario de clase media se sentía como un nuevo comienzo.

Durante los próximos tres años, este lugar sería mi hogar lejos de casa. Era más limpio, más amigable y tenía una sensación de calma que estaba ausente en mi antiguo vecindario. Los niños de allí no me veían como a un extraño, me recibían como si perteneciera a su entorno. A pesar de las diferencias en nuestros orígenes, formamos amistades que se sintieron genuinas desde el primer día.

Era una sensación extraña, estar en un lugar que no se sentía como el mío, pero que de alguna manera me hacía sentir segura. Me hizo reflexionar sobre de dónde venía y a dónde quería ir. Aquí, en este nuevo lugar, no era solo una niña que llegaba en autobús desde otra parte de la ciudad, era parte de algo más grande, algo más amable. Por primera vez en mucho tiempo, podía respirar con facilidad.

Años antes, cuando tenía nueve años, mudarme de Kenmore Avenue a 12th Street marcó un cambio significativo para mí. En Kenmore, la vida se sentía ligera y divertida. Todavía recuerdo a Jeannie, Tavo, la prima de Tavo, Katie, y sus hijos, que vivían al final de la cuadra. Pasamos innumerables días juntos, formando lazos que hicieron que esa casa se sintiera como un verdadero hogar.

Pero todo cambió cuando nos mudamos a la calle 12. Aquel verano de 1968, cuando regresamos de México, nos encontramos en un nuevo hogar, nuestra propia casa, la que mi padre había comprado.

Mi hermana mayor, Espe, se había mudado con su esposo, Jaime, y su nuevo bebé, Jaime Jr. Estaba a solo una cuadra, pero su ausencia era palpable. Espe había sido más que una hermana; ella era mi protectora. Cada vez que la ira de mi padre me asustaba, ella estaba allí, asegurándome que todo estaría bien. Su presencia había sido un vendaje sobre heridas que no entendí del todo en ese momento. Pero, a la edad de nueve años, casi diez, sentí que las cosas estaban cambiando. Era como si esperaran que fuera más independiente, que hiciera más cosas por mi cuenta sin depender de ninguna de ellas. Y con Espe fuera, tuve que aprender a enfrentarme al mundo sin ese escudo reconfortante a mi lado.

Mi hermana Lupe, que era un año mayor que yo, quería empezar a salir a los 13 años, a pesar de que mi padre no lo aprobaba. Él aprobó salir a los 15 años, pero mi hermana era agresiva, quería crecer rápido y vestirse como una adulta a los 13 años. Quería usar pantimedias, incluso si estaban rotas. Era casi cómico, pero mis hermanas mayores la dejaron en paz. Por otro lado, quería seguir siendo una niña y eso me dejaba un poco desconcertada. En cierto sentido, aislada y solitaria porque el tiempo libre de Lupe ahora lo pasaba con sus amigos mayores haciendo cosas que hacían los adolescentes. Sheila la invitaba a fiestas los fines de semana, y Lupe encajaba bien. Mientras tanto, me quedé sola en casa, lo cual fue un momento emocionalmente desafiante para mí. Y no parecía importarles. Estaba en una edad en la que estás haciendo la transición de la infancia a algo más, y sin embargo, nadie me guiaba. Todo el mundo se ocupaba de sus propios asuntos, lo que me hacía sentir desplazada. Cuando traté de incorporarme, me encontré con un "¿Qué estás haciendo? Solo tienes que encontrar algo que hacer. Invita a algunos amigos". Pero en una gran ciudad, no fue tan fácil. A diferencia de un pueblo pequeño, donde los amigos vivían cerca, aquí, todos estaban lejos y llegar a la casa de alguien no era sencillo. Me aterrorizaba estar lejos de casa a menos que tuviera un aventón, y los viajes no siempre estaban disponibles. Era un sentimiento reprimido, una sensación de aislamiento que no era lo suficientemente fuerte para manejar.

Todavía quería ser una niña, así que encontré consuelo en la casa de Espe. Me encontré gravitando más hacia su nuevo lugar. Ella necesitaba que yo cuidara al bebé y la ayudara a cocinar, y yo encontré un propósito en esa necesidad. Al pasar esos años con ella, me di cuenta de sus habilidades culinarias. Era meticulosa, todo tenía que estar súper ordenado y envuelto perfectamente, sin que ni un solo pelo u objeto extraño terminara en la comida. Su atención al detalle y la limpieza se convirtieron en algo que absorbí, y me curó en cierto modo. Me ayudó a calmar los sentimientos de soledad y desplazamiento que tuve cuando nos mudamos por primera vez a la calle 12. Mientras todos los demás parecían estar corriendo de un lado a otro, escapando de casa después de la escuela o el trabajo, yo sentía que no tenía a dónde ir. Lupe siempre tuvo sus amigas, pero eran chicas mayores, demasiado mayores para que yo encajara en ellas. Así que me quedé con Espe, encontrando consuelo y aprendiendo en su cocina.

Mientras yo cuidaba al bebé, Espe cocinaba las comidas que vendería durante la semana a sus compañeros de trabajo. Trabajaba en una fábrica de pantalones para hombres en el centro de la ciudad, un edificio alto de tres o cuatro pisos. Había pocas opciones de comida cerca, por lo que los propietarios le permitieron vender sus deliciosas comidas caseras a los trabajadores. Espe era una cocinera increíble y tomaba pedidos durante toda la semana, pasando los fines de semana, y a veces entre semana, cocinando. Mi trabajo era simple: ayudar con las pequeñas tareas y cuidar al bebé. Fue allí donde encontré mi lugar, mi nicho. Espe me daba cinco dólares por un fin de semana de trabajo o siete si ayudaba dos veces en una semana. Pero no lo hice por el dinero. Quería estar ahí. Era un refugio para mí, un lugar donde me sentía necesitada y apreciada. Si se hacía tarde, podía quedarme a pasar la noche, que era exactamente lo que quería: alejarme de los lugares a los que no sentía que pertenecía. Estar con Espe me hizo sentir que estaba donde se suponía que debía estar, al menos por el momento, y eso hizo que todo fuera un poco más fácil.

Volví a sentir esa soledad cuando Ruth, Jeannie, Lupe y Sheila se casaron, y Tony se mudó a su propio apartamento. De repente, solo quedamos papá y yo, los dos últimos que quedaban en casa. No teníamos nada en común. Apenas hablamos. Se sentaba a la mesa como siempre, y para entonces, yo era quien cocinaba nuestras comidas. Comíamos juntos porque a él le gustaba esa rutina, pero no había mucho que decir. Llegaba a casa del trabajo o de la escuela y me encontraba con una casa vacía y el silencio era sofocante. Estábamos solos mi papá y yo, sentados uno frente al otro, comiendo casi en silencio, sin nada que discutir. Después de la cena, me retiraba a mi habitación, con el vacío de la casa presionándome. Me sentaba allí y pensaba, *esto es feo. ¿Esto es todo?* Debía tener unos 15 años cuando Lupe se fue, iba a cumplir 16. Esa fue una época crítica. Necesitas apoyo durante esos años porque muchas cosas están cambiando y tu mente puede sentir que está pasando por un infierno. Yo tenía un novio en ese momento, pero era muy posesivo. Mirando hacia atrás, me río de mi propia tontería: ¿cómo pude haberle dado el control de mi vida a otra persona así? No me dejaba salir con mis amigos ni pasar un buen rato. Y todo el mundo sabía que era mi novio, así que los otros chicos de la escuela ni siquiera se acercaban a mí. Tenían miedo de hablar conmigo porque lo conocían. Me encontré atrapada en una situación que me hacía sentir mal. En ese momento, tenía 17 años y todo lo que podía pensar era: *¿Qué estoy haciendo aquí?* No estaba lista para casarme. Era mi primera relación seria y no quería tomar ninguna decisión que me cambiara la vida. Mi papá pensó, *sí, esto es todo. Se casará tan pronto como termine la escuela secundaria.* Pero mi novio había abandonado la escuela. No le gustaba trabajar, y empecé a sospechar que podría haber estado involucrado en algo ilegal, aunque nunca lo supe con certeza. No era alguien con quien me pudiera imaginar construyendo una vida, sin embargo, me sentía atrapada. No sabía cómo liberarme porque tenía miedo de lo que podría hacer si intentaba irme.

No era amor, en realidad. Era miedo. Pero al principio, tengo que admitirlo, fue algo especial. Tenía 14 años, ni siquiera 15 todavía. Era ese tipo de amor inocente de cachorro en el que ninguno de los dos tenía nada que ofrecer al otro, excepto nuestro tiempo. Ya sabes, el tipo de amor que te da mariposas en el estómago, solo para darte cuenta más tarde de que no valía la pena las mariposas en absoluto. Pasamos mucho tiempo juntos, y cuando cumplí 15 años, le dije que si quería venir a mi casa, tendría que pedirle permiso a mi papá. Él preguntó: *¿Qué hago?*

Le dije: *"Bueno, papá suele regar las plantas los domingos por la mañana alrededor de las 10". Puedes pasar en tu bicicleta y hablar con él en español. Pregunta si podemos ser novio y novia.* Una semana después de mi cumpleaños número 15, sucedió. Mi papá estaba cuidando el césped cuando mi novio llegó en su bicicleta. En su español entrecortado —porque sus padres también nacieron aquí— dijo: *"Oye, Manuel, ¿está bien si Sylvia y yo somos novios?".* Mi papá se echó a reír y me llamó. *"¡Pero acabas de cumplir 15 años la semana pasada!"* —dijo—. Todo era alegre y divertido entonces: dos niños disfrutando de la compañía del otro. Tal vez porque estaba tan sola, parecía perfecto, él en su bicicleta, simplemente estando ahí para mí. Una vez que pude dejarlo, sentí una sensación de libertad que no había conocido antes. Finalmente pude concentrarme en la escuela, terminar mis estudios y continuar trabajando en Bullocks sin ese peso constante sobre mis hombros. Pero era extraño: su posesividad no solo terminó con la ruptura. Persistía, incluso en mis sueños. Me encontraba huyendo de él mientras dormía, aterrorizada de que me estuviera persiguiendo. Era casi como una obsesión, como si fuera yo o nada en su mente. No sé cómo lo llamarías, tal vez un "cazador de sueños", pero me obsesionaba. No podía quitarme de encima el miedo de que si me quedaba con él, un día me mataría, me enterraría en el patio trasero y nadie lo sabría nunca. Era un pensamiento oscuro y feo, y me aterrorizaba. A partir de entonces, nunca más me permití estar en esa situación. Me volví mucho más cuidadosa con las personas con las que salía, siempre teniendo en cuenta las señales de advertencia.

Recuerdo la fricción de un momento tenso cuando mi hermana Jeannie me dijo que cuando nos mudamos a Guadalajara después de que mamá falleció, la abuela Ruth, la mamá de papá, les dijo que me quedaría con ella. Tenía cinco meses. A nadie le gustó y todos estaban molestos. Todos querían que nos mantuviéramos juntos como una familia. La familia de mi madre, especialmente mi abuela y la hermana menor de mi madre, Nina José, estaban enfadados por ello, a pesar de que me recogían a diario para pasar la mayor parte de la tarde con ellas, y la distancia entre las dos casas era de apenas cuatro minutos a pie. Todos se lo tomaron mal y estaban un poco amargados por el arreglo. Recuerdo pasar tiempo con ellos y escuchar sus quejas sobre la abuela Ruth. Eran pequeñas cosas, como la forma en que me peinaba o cómo me vestía. Eran muy exigentes con nuestras apariencias. La familia de mamá también se aseguró de que nos viéramos impecables y bien arreglados.

Mi abuela materna tenía un negocio paralelo vendiendo telas y ropa que compraba a vendedores mayoristas para revenderlas a precios minoristas tanto para adultos como para niños. Nos vestía con vestidos hechos en casa o ropa de sus vendedores. Los vestidos eran cortos y estaban de moda para las chicas de nuestra edad. La abuela Ruth compró telas y cosió todos mis vestidos. Pero los vestidos que me cosía eran mucho más largos, un poco por encima de la rodilla. Me hacía parecer una niña muy modesta de 3, 4 y 5 años, como si me estuviera preparando para convertirme en monja. Sí, mi hermana se burlaba un poco de mí.

También tenían curiosidad, querían saber: "¿Cómo te trata la abuela Ruth? ¿Crees que le importará si el vestido que te compramos es demasiado corto? Pero yo era solo una niña pequeña, no sabía cómo responder. De alguna manera, cualquier cosa que dijera llegaría a mi abuela Ruth, y podría convertirse en un gran problema. La charla pueblerina parecía magnificarlo todo. Ambas partes se enfadaban conmigo por cosas que ni siquiera entendía. Era tonto e incómodo, y me sentí como si estuviera en medio de una batalla entre las dos casas. Este tipo de tensión para una niña no era necesaria, y duró hasta que nos mudamos de regreso a los Estados Unidos.

Hubo momentos en que mis hermanas mayores pensaron que yo era demasiado malcriada porque estaba con la mamá de mi papá y creían que ella y el resto de la familia me malcriaban. Pero no fue así. Eran un poco sobreprotectores y solo estaban tratando de cuidarme, tal como el lado de la familia de mi madre estaba tratando de hacer. En cierto sentido, fui muy afortunada de haber sido cuidada por el lado de la familia de mamá y papá. Hasta el día de hoy, nuestros primos del lado de la familia de papá, que estuvieron allí desde el primer día, me ven como una hermana. Ahora, yo veo eso como una bendición disfrazada.

Cuando nos mudamos a los Estados Unidos, esa tensión se desvaneció en un segundo plano, pero surgieron nuevos desafíos. En ese momento, mis hermanas mayores tenían la responsabilidad de cuidarnos. Se aseguraron de que estuviéramos limpios y nos enviaron a la escuela impecables.

Mis tres hermanas mayores tenían mucho que hacer una vez que nos mudamos de regreso a los Estados Unidos. Tenían la responsabilidad de cuidarnos de la A a la Z y algunos extras. Recuerdo una vez, cuando estaba en 3er grado, me ofrecí como voluntaria para llevar un pastel de bodas para nuestra maestra. Se iba a casar y tuvimos una fiesta nupcial compartida para ella. No sé de quién fue la idea de incluir un pastel de bodas, pero nadie levantó la mano. Me sentí mal, así que me ofrecí a traerlo sin consultar primero con mis hermanas; todo sucedió muy rápido. Tenía nueve años y sentí una sacudida en el estómago cuando me designaron para llevar el pastel de bodas. Cuando volví a casa, les dije a mis hermanas que necesitaba que me hicieran un pastel de bodas para mi maestra. ¡Se quedaron boquiabiertas cuando dije que era para mañana! Espe se rio tanto que Jeannie y Ruth parecían enfurecer. Sacaron nombres para ver quién lo iba a hornear, y Ruth, la niña de 15 años en ese momento, perdió. Estaba furiosa, pero horneó el pastel, lo quemó y no había suficiente glaseado blanco para ocultar la corteza quemada. Me daba mucha vergüenza presentarme con él a la mañana siguiente, pero lo entregué y ninguno de los niños de mi clase tenía pastel, aparte de los adultos que estaban allí. Lo importante fue que lo entregué a expensas de mi hermana Ruth, y ella me lo permitió. Los responsables de nosotros en casa estaban frustrados conmigo y supongo que me lo merecía. Nunca volví a hacer ese truco. Después de que papá me regañó, me sentí tan insegura, como si nada de lo que hiciera estuviera bien. Constantemente me cuestionaba a mí misma, preguntándome cómo hacer las cosas bien cuando nadie me explicaba nada. En cambio, se enojaban, hablaban de eso entre ellos y luego me ignoraban por un tiempo. Incluso cuando me ayudaban, lo hacían a regañadientes, arrastrándose de un lado a otro, lo que solo me hacía sentir más incómoda e insegura sobre mi entorno; lo que me hizo sentir como una carga.

Cuando iba a la escuela, llevaba esos sentimientos conmigo. Sentía que tenía que vigilar todo lo que decía, por miedo a cometer errores. Mi inglés no era muy bueno, y la maestra, con otros 22 niños que atender, parecía frustrada por no poder comunicarse conmigo. Fue un momento muy duro, y ni siquiera sé cómo explicar lo extraña y fuera de lugar que me sentí.

A los 14 años, tuve mi primer novio, y creo que me encariñé mucho con él porque me cuidaba, me protegía y me hacía sentir querida, algo que había estado anhelando durante tanto tiempo. Ayudar a Espe en su casa me dio una sensación similar de ser necesitada, de tener un lugar al que pertenecía. Pero también hubo momentos en los que las chicas de la casa se mostraron sensibles y se arrepintieron de cómo me trataron. Trataban de compensarlo, llevándome a comer o incluyéndome en salidas familiares. Nunca me dejaron atrás, pero les llevó tiempo superar sus propias frustraciones. A veces, creo que simplemente estaban agotadas de asumir tanta responsabilidad. Me imagino que deben haber pensado: *¿Por qué no me caso y tengo mis propios hijos en lugar de criar a los hijos de mi padre?*

Fue una lucha, ya sabes, y creo que por eso tener un novio a una edad tan temprana era tan atractivo para mí. Me hizo sentir que importaba, que era importante para alguien. Pero eventualmente, esa relación se agrió, y cuando terminó, me encontré de nuevo en el mismo lugar solitario en el que había estado antes, solo que esta vez con más experiencia, tanto buena como mala. Era como si hubiera cerrado el círculo, pero ahora, con el peso de esos años y experiencias sobre mis hombros.

Cuando comencé la universidad, mi vida dio un giro que no había anticipado. Durante mucho tiempo, no había estado en una relación seria. Hubo breves aventuras aquí y allá, pero nada que realmente perdurara. Tenía 22 años cuando mi padre se jubiló y se mudó a nuestra ciudad natal en Guadalajara, México. La dinámica en casa cambió drásticamente: mi hermano regresó a la casa y Sheila, que acababa de dejar a su marido, también se unió a nosotros. Éramos los tres viviendo juntos, y descubrí que, a medida que crecía, el respeto y la camaradería entre nosotros se profundizaban. Nos llevábamos mucho mejor que antes.

Uno de los cambios más significativos fue tener un auto. Mi papá me había comprado un Dodge Demon, un auto de color blanco con un nombre que parecía casi irónico dada su presencia emblemática.

Con ese coche, mi vida social comenzó a florecer. De repente aparecieron amigos, ansiosos por acompañarme en las salidas. El vehículo se convirtió en un símbolo de mi nueva libertad y estatus social. No me importó que algunos se sintieran atraídos a mí por el auto. Fue un pequeño precio a pagar por el compañerismo y la camaradería que trajo.

Recuerdo la emoción de conducir con mis amigos. Había momentos en los que metíamos a cinco o seis chicas en el auto, riéndonos y charlando mientras conducíamos por la ciudad. Era un marcado contraste con la soledad que sentí durante mis primeros años, cuando la escuela secundaria a menudo parecía un tramo interminable de túnel oscuro sin luz al final. La lucha por equilibrar mis actividades académicas con mi vida personal me hizo sentir aislada a veces.

El viaje a través de la universidad fue agotador. Me tomó seis años completar mis estudios, culminando con una licenciatura cuando tenía 25 años. Durante esos años, estuve soltera, navegando por una serie de relaciones casuales que nunca se materializaron en algo significativo. A pesar de mi independencia, pasé muchas noches llorando hasta quedarme dormida, sintiendo el peso de mi soledad más agudamente cuando regresaba a casa.

Una vez que Sheila se volvió a casar, solo quedamos mi hermano y yo en la casa. Esos sentimientos de vacío regresaron, una sensación de aislamiento que es difícil de explicar. No fue hasta después de graduarme, cuando obtuve mi licencia de bienes raíces y finalmente compré un auto nuevo, que sentí un cambio en mi vida.

PERLAS DE MAMÁ

Me mudé de la casa familiar a un estudio encima del garaje de Jeannie. Fue un nuevo capítulo en el que me sentí más independiente y en control, en comparación con aquellos años de transición en los que hubo numerosas noches de lágrimas y malentendidos. Mis hermanas, atrincheradas en sus propias vidas con sus hijos y los desafíos matrimoniales, a menudo veían mi independencia con críticas en lugar de apoyo. Sus duros juicios, a veces, se sentían como una traición personal. Vieron mi libertad como si estuviera desperdiciando los años para casarme, en lugar de celebrar mi aspiración de obtener primero una educación superior. Traté de ignorarlo y, en cambio, los apoyé en todo lo que pude. Ayudé a Ruth con sus hijos y los llevé a salir los fines de semana, invitándolos a ver películas y a comer sus hamburguesas favoritas de Tommy's, un lugar local conocido por sus enormes hamburguesas con chile.

El recuerdo de esos fines de semana y la alegría que vi en sus rostros jóvenes siguió siendo un punto brillante en mi vida. Al mirar atrás hacia esos años, también recuerdan esos tiempos con cariño. Era mi forma de conectar con ellos, ofreciéndoles un poco de alegría, permitiéndome escapar de mi exigente vida. El esfuerzo valió la pena y fue un recordatorio de que, a pesar de los desafíos y la soledad, hubo momentos de conexión y amabilidad que dieron forma a mi viaje.

Pequeñas cosas, como sacar a los niños e invitarlos a Tommy's Burgers, terminaron siendo más apreciadas por ellos que por sus padres. Mis hermanas, que se habían asentado en sus propias vidas y matrimonios a una edad temprana, a mis ojos parecían considerar mi independencia con una mezcla de confusión y un poco de crítica. Para ellas, yo me estaba moviendo por un camino que no habían tomado, uno que se desviaba de la ruta esperada del matrimonio temprano y la vida familiar.

No estaba tratando de parecer arrogante; simplemente estaba inmersa en mi propia vida ocupada. Me mantuve conectada ayudándolas con sus hijos a liberar sus fines de semana cuando era necesario. Apreciaron la ayuda, pero les costó entender mis decisiones y la libertad que perseguía. Era como si mi propia satisfacción e independencia reflejaran sus propios sueños incumplidos o arrepentimientos, a pesar de que eran grandes amas de casa y madres. La verdad era que, en mi soledad, aspiraba a llegar a ser como ellas algún día.

Por lo tanto, conectarme con mis sobrinas y sobrinos mientras pasábamos nuestro tiempo juntos fue sanador. Debido a que era tan joven cuando nacieron, nunca me llamaron "tía", sino que se dirigían a mí por mi nombre de pila. Para una niña de diez años, "tía" se sentía demasiado distante y formal, por lo que mi nombre de pila con ellos se sentía más natural. Su presencia y afecto me ayudaron a encontrar consuelo y un sentido de propósito.

A medida que crecía, la pregunta de cuándo mi propia vida daría un giro significativo se cernía sobre mí. Mi padre estaba preocupado, y a menudo expresaba su preocupación de que yo nunca me casara. Lo tranquilizaba, aunque me parecía una promesa difícil de alcanzar. Pero entonces, a los 28 años, algo cambió. Tenía un amigo en Cal State L.A. que conocía desde hacía cinco años.

PERLAS DE MAMÁ

Comenzó a buscar algo más que la amistad después de que nos graduamos. Me llevó un tiempo aceptar su propuesta de una amistad platónica a una relación seria en toda regla. Después de unos meses, me rendí y, en un año, nos casamos cuando teníamos 29 años y a los 30, Joy nació como nuestra primera hija. Fue un momento de profunda satisfacción. Hemos estado casados durante 36 años y hemos criado a 3 hijos; además de Joy, llegaron Steven y Dean. Ahora son adultos y mi mayor bendición.

Crecer sin madre había dejado huella. La ausencia de esa presencia guía y cariñosa se sentía profundamente, especialmente en los momentos en que necesitaba a alguien que me curara no solo de los rasguños físicos, sino también de las heridas internas que persistían y daban forma a mi paisaje emocional. A menudo me preguntaba cómo me las arreglé para superar esos años, lidiando con la falta de una figura materna que pudiera calmar los dolores más profundos e invisibles.

Al reflexionar sobre las luchas de mis hermanas, veo ecos de mis propias experiencias. Es posible que hayan sentido brechas y desafíos similares, pero rara vez hablaron de ellos. Era un silencio compartido entre nosotras, un silencio que tal vez ocultaba nuestras vulnerabilidades comunes y nuestro dolor no expresado.

En mis momentos más tranquilos, pensaba en mi madre y deseaba que ella pudiera estar ahí para mí. Anhelaba su presencia, imaginando escenarios en los que ella pudiera llevarme a algún lugar y traerme de vuelta al día siguiente, ofreciéndome una rutina sencilla pero reconfortante. Pero eso no fue posible. Me dejaron navegar por mi propio camino, a menudo sintiendo el peso de su ausencia más agudamente en esos momentos de necesidad.

Las enseñanzas de la abuela siempre habían sido mi ancla. Ella me inculcó la comprensión de que, si bien las relaciones humanas están llenas de complejidades y decepciones ocasionales, el amor divino es inquebrantable. "A veces me vuelvo contra ti", decía ella, "porque soy humana, y podrías hacerme enojar o perturbar mi paz. Pero Dios nunca se volverá contra ti. Él debe ser lo primero antes que nadie, y Él es tu verdadero padre en este sentido". Sus palabras pretendían ser una base, un recordatorio de que hay que priorizar la fe y la resiliencia.

A pesar de su sabiduría, la vida seguía siendo difícil. La abuela sabía que enfrentaría tiempos difíciles y trató de prepararme lo mejor que pudo. A menudo estábamos separadas por las circunstancias, y comprendí que su guía estaba limitada por lo que podía ofrecer desde lejos. La vida parecía tener su propio plan para mí, y aunque las lecciones de la abuela me daban fuerza, a menudo deseaba que mi madre hubiera estado presente para compartir esos momentos.

¿Su ausencia me hizo más fuerte? Quizás. Aprendí a confiar en los principios que me impartió y a encontrar resiliencia ante la adversidad. Sin embargo, el vacío dejado por la ausencia de mi madre nunca se llenó por completo. Todavía anhelaba su presencia y el consuelo del amor de una madre.

A veces, me encuentro reflexionando sobre una pregunta profunda: ¿sería la persona que soy hoy si mi madre hubiera estado presente? Si ella hubiera estado conmigo y con mis hermanos desde mi nacimiento en Los Ángeles, ¿nuestras vidas habrían tomado un camino diferente? Tal vez habría estado más conectada con mi padre, desarrollando un vínculo emocional con él desde la infancia. En cambio, los acontecimientos de la vida nos separaron cuando yo tenía solo cinco meses, y las visitas de mi padre eran poco frecuentes. Esta distancia creó una brecha en nuestra relación que sentí agudamente a medida que crecía.

Al crecer, vi cómo mis hermanas mayores tenían una relación más cercana con papá, lo que parecía más natural. Para nosotros, los más jóvenes, la conexión era más tensa. Nos faltaba la paciencia y la familiaridad que les resultaban más fáciles a los hermanos mayores. A menudo me preguntaba si mi madre hubiera estado allí, habría tendido un puente entre mi padre y nosotros, especialmente si hubiera estado tan involucrada y atenta como yo traté de estar con mis propios hijos. Si ella hubiera estado presente, tal vez me habría sentido más segura y menos agobiada por los duros sentimientos que a veces tenía hacia mi padre.

Es fácil especular sobre cómo las cosas podrían haber sido diferentes, pero la realidad es que me dejaron navegar por mi propio camino. Cuando mis hermanas se mudaron, me sentí abandonada. Luché con el aislamiento, atrapada entre un padre lejano que estaba preocupado por el trabajo y la falta de amigos cercanos. Mi vida social era limitada, y pasaba gran parte de mi tiempo trabajando y tomando el autobús, con pocas oportunidades para el tipo de interacciones sociales que podrían haber aliviado mi soledad.

Mirando hacia atrás, me doy cuenta de que mi educación fue poco convencional y desafiante. Pero sé que no estoy sola en esta experiencia; muchos otros se han enfrentado a luchas similares. Hablando de ello ahora, las emociones todavía arden dentro de mí, lo que indica que necesito abordar y refrescar estos sentimientos. Es un recordatorio de lo lejos que he llegado y del progreso que he logrado.

Hoy estoy agradecida por la familia que tengo. A pesar de las dificultades y diferencias, nos reunimos para cumpleaños y reuniones familiares. A medida que todos nos acercamos a las últimas etapas de nuestras vidas, es un momento para buscar la paz con las emociones y experiencias que nos han moldeado. Cada uno de nosotros lleva sus propias cargas, pero al final, encontramos consuelo en el hecho de que nos tenemos el uno al otro.

Existe la creencia de que elegimos la familia a la que llegamos en esta vida, y tal vez elegí este viaje en particular con todos sus altibajos. A pesar de las dificultades, estoy agradecida por los muchos hermanos que tengo y por el apoyo que nos ofrecemos unos a otros. Si tuve que pasar por estos desafíos, me alegro de que haya sido con una familia numerosa a mi lado en lugar de enfrentarlos sola. Reflexionando sobre dónde estoy ahora, me doy cuenta de cuántas veces me contuve por miedo e inseguridad. Si hubiera sido más asertiva y menos intimidada por mis propias dudas, podría haber abierto más puertas y aprovechado más oportunidades. Ahora veo que a veces es mejor actuar a pesar de tus miedos que dejar que te paralicen por completo.

PERLAS DE MAMÁ

Hubo innumerables momentos en los que el miedo me impidió dedicarme a las cosas que me apasionaban. Recuerdo que quería inscribirme en clases extras o participar en actividades extracurriculares, pero la ansiedad de tener que salir a estos eventos cuando ya había oscurecido, o el miedo de tomar el autobús sola, me impidieron salir de mi zona de confort. Estos miedos, aunque aparentemente pequeños, fueron obstáculos significativos que me impidieron avanzar en mi educación y explorar nuevos caminos.

Si hubiera estado dispuesta a enfrentar estos miedos y aceptar la incertidumbre, podría haber ganado confianza y terminado mi educación antes, o tal vez haberla llevado a un nivel aún más alto. Mis inseguridades y la falta de aliento de quienes me rodeaban hacían que me resultara difícil creer en mi potencial. Como resultado, perdí oportunidades que podrían haber contribuido a mi crecimiento.

En retrospectiva, a menudo me encontraba resentida por mi propia vacilación. El arrepentimiento de no haber dado ese paso adicional persistió, recordándome lo que podría haber sido. Es doloroso darme cuenta de que mis miedos me impedían alcanzar metas pequeñas y significativas.

Pero esta autorreflexión es también una experiencia de aprendizaje. Es un recordatorio de que, si bien el miedo puede ser paralizante, el acto de avanzar, incluso cuando se tiene miedo, puede conducir al crecimiento y al éxito. Es una lección de coraje y confianza en mí misma, una que espero llevar adelante a medida que continúo navegando por los desafíos de la vida.

A ti, mi querido lector, quiero compartir un consejo de mi propio viaje: no tengas miedo. No dejes que el miedo silencie tus preguntas o te impida buscar ayuda. Ya sea pidiéndole una aclaración a un maestro, comunicándote con colegas o confiando en un hermano si no tienes madre, no dejes que el miedo a ser juzgado te impida hablar.

Si te cuesta explicar algo, incluso si estás temblando o al borde de las lágrimas, pide un poco más de tiempo. Vale la pena el esfuerzo. Las personas podrían sorprenderte con su comprensión si les das la oportunidad de escucharte. Esconderse en silencio solo conduce a malentendidos y oportunidades perdidas. Otros pueden percibir tu silencio como una falta de esfuerzo o interés cuando, en realidad, solo estás luchando por encontrar las palabras correctas.

No dejes que la edad o la autoridad percibida te intimiden. Incluso si alguien es mayor o está en una posición de poder, recuerda que tu voz importa. Si te enfrentas a una barrera lingüística, por ejemplo, no dejes que la vergüenza te impida intentar comunicarte. Es mucho mejor tratar de explicarse, incluso si se siente incómodo, que alejarse por miedo a parecer tonto.

Pasé muchos años con miedo de hablar, preocupada por cometer errores o ser juzgada. Este miedo me impidió arriesgarme y explorar oportunidades que podrían haber estado a mi alcance. Mirando hacia atrás, me doy cuenta de que si hubiera sido más valiente, si hubiera estado dispuesta a aprovechar esa oportunidad y abrir puertas que parecían fuera de mi alcance, podría haber logrado aún más.

Así que mi consejo es simple: hazlo con miedo. Está bien sentirse nervioso o inseguro. Es mejor dar ese paso, incluso si sientes que podrías cometer un error, que dejar que el miedo te detenga. Nunca se sabe cómo responderán los demás a tu esfuerzo por comunicarte. A veces, es el coraje de hablar y tender la mano lo que puede marcar la diferencia.

A lo largo de mi viaje, hubo momentos en los que el peso de la agitación emocional se sentía insoportable, y necesitaba desesperadamente un santuario para recargarme y encontrar fuerzas. Para mí, ese santuario siempre fue la casa de mi abuela en Guadalajara.

Durante mis años en la escuela o en el trabajo, cuando las presiones se sentían abrumadoras, me retiraba a este lugar de refugio. La casa de mi abuela, con su cálido abrazo y la presencia de mis primos y tías, se convirtió en mi refugio. Viajaba allí todos los veranos, llegaba a finales de junio y me quedaba hasta mediados de septiembre. Esos meses que pasé con mi familia en Guadalajara fueron un salvavidas, un momento en el que me sentí envuelta por el amor y el cariño.

Regresar a ese lugar familiar me proporcionó una profunda sensación de renovación. Cada visita era como una profunda bocanada de aire fresco, recargando mi espíritu y haciéndome sentir invencible. El apoyo y la calidez de mi familia me hicieron creer que ningún desafío era demasiado grande. Cuando llegó el momento de irme y volver a mi vida cotidiana, me sentí fortalecida por la fuerza y el amor que había recibido durante esos meses de verano.

Pero después de tres meses de mi regreso, en diciembre, me

encontré de vuelta en mi rutina habitual. La comodidad de la casa de mi abuela parecía estar a un mundo de distancia. La transición de regreso podía ser discordante, y la fuerza que había sentido durante esos meses a veces parecía desvanecerse en Navidad. Echaba de menos la seguridad de tener un lugar al que correr, donde pudiera encontrar consuelo en la presencia de mi abuela.

Recuerdo cómo, de niña, me acurrucaba en los pliegues de sus largas faldas de algodón, encontrando un pequeño y reconfortante espacio para enterrar la cabeza. Ella me tranquilizaba con palabras amables y caricias tiernas, recordándome que todo estaría bien. La tranquilidad que me brindó fue un bálsamo para mis ansiedades, un escape temporal de las presiones de la vida.

La media hermana de mi padre, Nina Chila, que también experimentó la pérdida de su madre a una edad temprana, ofreció un consuelo similar. Su comprensión y empatía ayudaron a cerrar el vacío dejado por la ausencia de mi abuela. Juntos, crearon un capullo de apoyo que hizo más llevaderos los tiempos difíciles.

Si te encuentras luchando con desafíos emocionales, te animo a que busques tu propio santuario, un lugar o espacio donde puedas recargar energías y sentirte tranquilo. Ya sea que se trate de un lugar físico, una persona o una actividad específica; tener un refugio puede marcar una diferencia significativa. Son estos momentos de respiro los que pueden proporcionar la fuerza para enfrentar el mundo de nuevo, listos para enfrentar los desafíos que se avecinan.

La calidez y el apoyo que recibí de mi abuela y mi tía fueron profundos y arraigados en sus propias experiencias de pérdida y lucha. Mi abuela, que había perdido a su propia madre a una edad temprana, y mi tía, que también estaba de luto por la ausencia de su madre, entendieron mi dolor de una manera que pocos podían. Su empatía y amabilidad crearon un ambiente enriquecedor en el que me sentí realmente apreciada.

Su amor era el regalo más valioso que podían ofrecer: un entendimiento tácito que iba más allá de las cosas materiales. Ya fuera una comida compartida o simplemente su presencia reconfortante, su apoyo fue un bálsamo para mi espíritu atribulado. Su aliento y el afecto que me brindaron me ayudaron a construir un escudo de resiliencia, lo que me permitió enfrentar los desafíos de la vida con renovadas fuerzas.

Por otra parte, el lado de la familia de mi madre me proporcionaba un tipo diferente de consuelo. Nina José, con su apoyo inquebrantable y su feroz determinación, fue un recordatorio constante de mi propia valía. Su aliento para superar la adversidad y no dejar que otros me derribaran fue una fuente de fortaleza que me llevó a través de los momentos difíciles.

Estos tres meses que pasé con mi familia extendida fueron sanadores, ofreciendo un respiro de las luchas que enfrenté en los Estados Unidos. Me proporcionaron un sentido de pertenencia y tranquilidad que llevé conmigo cuando regresé a mi vida diaria, lista para enfrentar lo que fuera que se avecinase.

Si tienes una persona o un lugar que te ofrece un apoyo similar, un santuario donde te sientes comprendido y valorado, aprécialo. Estos espacios son invaluables, ya que brindan la fuerza y la tranquilidad necesarias para navegar por los desafíos de la vida. Para mí, esos meses de verano en Guadalajara con mi amorosa familia fueron más que un retiro; fueron una parte crucial de mi viaje, ayudándome a seguir adelante con esperanza y resiliencia.

A los 22 años, recurrí a la fe cristiana en busca de apoyo durante los tiempos difíciles. Encontré consuelo y guía en la oración y en la Biblia, sintiendo que Dios me estaba cuidando y guiando mi camino. Esta conexión espiritual se volvió crucial en mi vida, ya que quería evitar repetir los errores del pasado y confiar en relaciones que no me servían bien. Tenía que ser fuerte y autosuficiente, tanto personal como espiritualmente, en lugar de depender de los demás para sentirme completa.

Reconocí la dificultad de esperar las oportunidades adecuadas y los desafíos de aferrarme a mi fe, especialmente cuando se cometían errores. A pesar de las pruebas, me he apoyado en Dios en lugar de en las relaciones humanas para navegar por los altibajos de la vida.

El título "Las perlas de mamá" tiene un profundo significado para mí porque refleja cómo mi madre veía a sus siete hijos. A pesar de su muerte repentina e inesperada, supo tres días antes de morir que nos dejaría atrás. Nos vio a cada uno de nosotros como sus perlas preciosas, parte de un collar preciado. Con seis hijas y un hijo, imaginé que las perlas nos representaban: perlas beige para las niñas y una perla gris claro única para nuestro hermano. Este libro explora qué fue de sus perlas, cómo vivimos y nos las arreglamos después de que ella se fue.

Las memorias profundizan en la vida después de su partida, las experiencias que enfrentamos sin ella y el impacto del papel de mi padre en nuestras vidas. Aunque mi padre llevó gran parte de la carga, quería honrar a la mujer que fue mi madre, reflexionando sobre cómo podría haberme sentido en su lugar. Este libro también destaca la sabiduría y las cualidades que ella encarnó, que me esfuerzo por incorporar a mi propia vida. A pesar del consejo de mi padre de evitar tener muchos hijos, algo que, según él, podría tensar un matrimonio, entiendo los desafíos que enfrentó mi madre y la notable fortaleza que mostró al criarnos.

Capítulo 5
Momentos de conexión

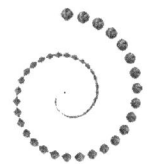

"Una madre no es una persona en la que apoyarse, sino una persona que hace que no sea necesario apoyarse en alguien".

Dorothy Canfield Fisher.

Algunos tienen una forma de moldear a sus hijos que es tan sutil que a menudo no la reconocemos hasta mucho más tarde en la vida. No siempre se trata de los grandes y obvios momentos. A veces, se trata de las cosas pequeñas y cotidianas que hacen, la fuerza silenciosa que muestran y las lecciones que enseñan sin decir una palabra. El amor de una madre es profundo, pero también lo es su determinación de ayudar a su hijo a convertirse en alguien que pueda valerse por sí mismo.

Piénsalo: las madres están ahí para sostenernos cuando somos jóvenes, para guiarnos cuando no estamos seguros y, finalmente, para dejarnos ir y así podamos encontrar nuestro propio camino. Esa es la belleza de la relación. Evoluciona. Cuando somos niños, podemos confiar en ellas para todo, pero a medida que crecemos, nos damos cuenta de que su verdadero don es enseñarnos a confiar en nosotros mismos.

Es lo mismo para todas las hijas. Crecemos viendo a nuestras madres como nuestra red de seguridad, nuestra base de operaciones. Pero a medida que entramos en la edad adulta, llegamos a comprender que su mayor acto de amor nos está dando las herramientas para ser independientes y navegar por los altibajos de la vida en nuestros propios términos.

Aunque mi madre falleció cuando yo tenía solo cuatro meses, su presencia permaneció conmigo de maneras que no siempre podía explicar. A medida que crecía, hubo innumerables momentos en los que la anhelaba, momentos en los que necesitaba su guía, su calidez y el consuelo que solo una madre podía brindar. Pero en su ausencia, aprendí a conectarme con ella a través de otros medios, y fue en esos momentos tranquilos de reflexión y anhelo que más la sentí.

Al crecer en un hogar donde todas mis hermanas se habían ido, y solo éramos mi padre y yo, hubo muchos días solitarios. Mi padre, aunque amable, no era del tipo emocional, y a menudo me encontraba retirándome a mi habitación después de un día duro. Era durante esos momentos cuando cerraba los ojos e imaginaba a mi madre allí, sentada a mi lado, con la mano descansando suavemente sobre mi hombro. No tenía recuerdos de ella a los que recurrir, pero tenía algo igual de poderoso: la idea de ella.

En muchos sentidos, su ausencia moldeó mi comprensión de la maternidad. Vi a mis amigas con sus madres, y observé las formas pequeñas pero significativas en que interactuaban: cómo sus madres empacaban sus almuerzos, les traían ropa nueva para la escuela o se presentaban a los eventos escolares. Lo observé con una mezcla de envidia y curiosidad, preguntándome cómo se sentiría ese vínculo. ¿Habría sido mi madre como la de ellos? ¿Habría sido ella la que me animaba en las obras de teatro de mi escuela o la que me ayudaba a prepararme para los exámenes?

Uno de los momentos más duros que recuerdo me ocurrió en la escuela. Era el Día de la Madre, y hubo un evento especial en el que se invitó a los estudiantes a actuar: poemas, recitales cortos y pequeñas actuaciones destinadas a celebrar el vínculo entre las madres y sus hijos. Me quedé detrás del escenario, nerviosa, agarrando la pequeña hoja de papel con las palabras de mi poema. Recuerdo mirar a mi alrededor a mis compañeros de clase, la mayoría de ellos zumbaban de emoción. Algunos sonreían, mirando hacia el público donde sus madres estaban sentadas con orgullo, saludándolos.

Pero no tenía a nadie a quien saludar. Mi madre no estaba allí, nunca estaría. Lo supe desde el momento en que se anunció el evento, pero saberlo no lo hizo más fácil. No detuvo el dolor en mi pecho ni el nudo en mi garganta.

Llegó el momento de que diera un paso al frente para leer mi poema. Cuando subí al escenario, miré el mar de rostros en el público, buscando a alguien que no estaba allí. Había madres esparcidas por todas partes, sonriendo y sosteniendo cámaras, capturando los momentos que atesorarían para siempre. Pero en el mar de padres orgullosos, todo lo que vi fue una silla vacía. Era como si esa silla representara toda la ausencia que sentía en mi corazón. Y por un segundo, fingí que ella estaba allí, sentada en ese mismo lugar, sonriéndome, escuchando mis palabras como si nunca se hubiera ido. Me la imaginé aplaudiendo después de que terminé, diciéndome lo orgullosa que estaba y dándome un abrazo.

Pero cuando comenzaron los aplausos y volví a mirar la silla vacía, la realidad me golpeó de nuevo. Ella no estaba allí, y nunca estaría. La parte más difícil no fue solo saber que ella no podía estar conmigo, sino sentir el peso de esa ausencia cada vez que tenía un momento que necesitaba celebrar, cada vez que necesitaba su apoyo.

Cuando era niña, era difícil explicar ese tipo de vacío. ¿Cómo le dices a alguien que estás mirando a una multitud llena de caras sonrientes, pero te sientes más solo que nunca? ¿Cómo explicas cómo es buscar a alguien que nunca aparecerá? No pude. Así que no lo hice. Me aferré a la imagen de ella en mi mente como si fingir fuera suficiente para llenar el vacío, aunque solo fuera por un segundo.

Ese fue uno de los momentos que me enseñaron sobre la resiliencia. Cuando creces sin una madre, aprendes a encontrar fuerza en lugares donde tal vez no exista de forma natural. Aprendes a imaginar el estímulo que los demás pueden dar por sentado. Fue en esas sillas vacías y momentos de silencio que comencé a darme cuenta de que tenía que ser fuerte por mí misma.

Cuando era más joven, no sabía cómo procesar esa ausencia. La sensación de extrañar a alguien que nunca había conocido realmente era compleja, incluso confusa. Sabía de ella por historias, por fragmentos de recuerdos compartidos por mis hermanas mayores, pero no tenía mis propios recuerdos a los que aferrarme. Y, sin embargo, sentí profundamente su ausencia. No se trataba solo de no tener una madre, se trataba de no tener esa ancla, esa figura que se supone que te guía a través de los desafíos de crecer, la persona que te ayuda a darle sentido al mundo.

En mis momentos de tranquilidad, me encontraba imaginando cómo habría sido si ella hubiera estado allí. Cuando llegaba a casa después de un duro día en la escuela, me la imaginaba dándome la bienvenida, con los brazos abiertos y lista para sostenerme mientras desahogaba mis frustraciones. Cuando mis amigos contaban historias sobre sus madres enseñándoles a cocinar o guiándolos a través de los desamores de la adolescencia, me imaginaba a mi madre sentada a mi lado, ofreciéndome consejos. Estos pensamientos no se basaban en ningún recuerdo o realidad específica, pero eran una forma de conectarme con ella, incluso en su ausencia.

Y a veces en la vida, la ausencia de alguien puede sentirse tan poderosa como su presencia. Para mí, la ausencia de mi madre se convirtió en algo que llevaba conmigo todos los días, moldeándome de maneras que no entendí completamente hasta mucho más tarde en la vida. A pesar de que ella no estaba físicamente allí, el anhelo por ella, los "qué pasaría si…" y los pequeños destellos de lo que debería haber sido la maternidad para mí, influyeron en la forma en que veía el mundo que me rodeaba. Y aunque ella no estaba allí para tomarme de la mano, hubo momentos en los que otras mujeres intervinieron, sin querer pero de manera hermosa, para llenar esos vacíos.

Una de esas mujeres era la hermana de mamá, Nina José. Se casó tarde en la vida, hasta bien entrados los cuarenta, lo cual era inusual en ese momento. No tuvo hijos propios, pero se convirtió en una segunda madre para mí y mis hermanos. Mirando hacia atrás, me doy cuenta de lo mucho que asumió ese papel sin siquiera pensarlo. Ella siempre estuvo ahí para nosotros, especialmente durante esos momentos difíciles en los que necesitábamos una figura materna. A menudo la veía moverse por la casa, haciendo cosas que imaginaba que mi madre podría haber hecho.

Nina José tenía una calidez, pero era su fuerza silenciosa lo que siempre me llamó la atención. Era ferozmente independiente, muy parecida a como me imaginé que habría sido mi madre. A pesar de que nunca tuvo hijos propios, nos crio a todos a su manera. A veces pensaba en cómo aprendió eso de su propia madre y de mi madre. Mi abuela y mi madre fueron las dos mujeres que la habían convertido en la figura fuerte y cariñosa en la que se convirtió.

Nunca tuvo un embarazo a término, aunque lo intentó varias veces. Así que éramos sus bebés. Los siete. Ella derramó todo su amor en nosotros, y a menudo me preguntaba si ella modeló ese cuidado a partir de mi madre. Cada vez que venía de visita, la casa se iluminaba. Nos cocinaba comidas deliciosas, se aseguraba de que tuviéramos suficiente ropa y zapatos, y siempre encontraba la manera de hacernos reír. Era como si tuviera una reserva inagotable de amor para dar, y nunca se contuvo.

Solía pensar, cuando tenía unos diez u once años, que si mi madre todavía estuviera con nosotros, sería como Nina José: cariñosa, cálida, fuerte y siempre asegurándose de que tuviéramos todo lo que necesitábamos. En muchos sentidos, mi tía se convirtió en la madre que anhelaba, llenando ese vacío en mi corazón, a pesar de que estaba modelando a alguien que ella misma había perdido.

Y luego estaba mi amiga Gina, la conocí cuando tenía doce años, y rápidamente nos hicimos inseparables. Pasar tiempo con ella y su familia me abrió los ojos al tipo de vínculo madre-hija con el que solo había soñado. Su madre y su padre eran cariñosos, atentos y siempre estaban involucrados en su vida. Fue a través de ellos que realmente vi el "eslabón perdido" en mi propia vida: la forma en que una madre se aseguraba de que sus hijos tuvieran todo lo que necesitaban, desde comida hasta ropa y apoyo emocional.

No fueron solo las cosas grandes; fueron los pequeños detalles los que me llamaron la atención. La forma en que su mamá la llevaba de compras si había una venta o simplemente pasaba tiempo con ella los fines de semana, comprándole nuevos atuendos o simplemente estando ahí para ella.

A veces no podía evitar sentir celos. No de una manera mezquina, sino de esa manera tranquila y anhelante que se arrastra cuando ves que alguien tiene lo que siempre has querido. Me sentaba en el autobús escolar con Gina, escuchando mientras me contaba emocionada lo que su madre le había regalado o a dónde iban ese fin de semana. Yo asentía, sonriendo, pero por dentro sentía ese dolor, sabiendo que nunca tendría ese tipo de momentos con mi madre.

En casa, las cosas eran diferentes. Éramos una gran familia, y éramos muchos. No teníamos el lujo de ropa nueva cada temporada o almuerzos llenos de amor. Tuvimos que arreglárnoslas con lo que teníamos. Tenía seis o siete atuendos para todo el año escolar, y tenía que cuidarlos porque no conseguía más. Así fue. Pero ver el contraste entre mi vida y la de Gina me hizo darme cuenta de lo mucho que me estaba perdiendo.

Cada vez que visitaba a Gina en su casa, su mamá, Gladys, me recibía de manera cálida. Ella conocía mi historia y siempre fue amable conmigo. Sentí que, por esos momentos, tuve que tomar prestada una pequeña parte de lo que era tener una madre. Su madre falleció hace seis años, y todavía la recuerdo con el mayor de los respetos. A través de la madre de Gina, pude vislumbrar lo que se suponía que era la maternidad. Vi el amor, el cuidado, la forma en que se suponía que una madre debía animarte cuando las cosas se ponían difíciles. Y me imagino que mi madre también habría hecho todas esas cosas por mí. Pero en cambio, me encontré sentada con ese sentimiento, ese anhelo por algo que no podía comprender del todo.

Sin embargo, esas experiencias me moldearon. Me enseñaron lo que me perdí, pero también me mostraron lo que era posible. No siempre era fácil de aceptar, y a veces el anhelo me abrumaba. Pero tuve la suerte de tener a Nina José, quien me dio a probar el amor y el cuidado que anhelaba.

Y aunque nadie podría reemplazar a mi madre, las mujeres encargadas de cuidarme llenaron los espacios vacíos de mi corazón, aunque solo fuera por un tiempo. Encontré fragmentos de lo que me había estado perdiendo: una mano reconfortante, un ojo vigilante y una palabra tranquilizadora. Sin embargo, por mucho que me dieran, el anhelo por mi madre nunca desapareció del todo.

Cuando era niña, era más fácil llenar ese vacío con imaginación. Pero a medida que crecía, especialmente en mi adolescencia, el anhelo se volvió más agudo, más real. Empecé a darme cuenta de lo que me había estado perdiendo todo el tiempo.

Recuerdo una noche en particular. Tenía diecisiete años y me sentía más sola que nunca. Había llegado a casa después de un día que me había llevado al límite. Para entonces ya estaba acostumbrada a la forma en que el peso del mundo parecía caer directamente sobre mis hombros, pero ese día me pareció insoportable. La casa estaba inusualmente silenciosa; no había sonidos de charlas ni de pasos en el pasillo, solo el eco hueco de mis propios pensamientos rebotando en mi mente.

Me encerré en mi habitación, acostada en mi cama, mirando al techo como si tuviera las respuestas a todas las preguntas que ni siquiera sabía cómo hacer. El peso del silencio era ensordecedor. Fue uno de esos momentos en los que deseé, más que nada, poder tener una sola conversación con mi madre, escuchar su voz decir: "Todo estará bien". Pero ella no estaba allí, y el dolor de esa ausencia se sentía más profundo que nunca.

Mis amigas siempre hablaban de sus madres. Compartían

historias sobre cómo sus madres estaban allí para consolarlas después de un día difícil, ofreciéndoles consejos, secándoles las lágrimas o simplemente sentándose con ellas, escuchándolas.

Las escuchaba, asintiendo con la cabeza, fingiendo que sabía cómo se sentía ese tipo de consuelo. Pero no lo hice. No de la manera en que lo hicieron. Nunca me había dado el lujo de correr a los brazos de mi madre cuando la vida me parecía demasiado grande, demasiado dura. Y en momentos como esa noche, sentí el vacío de su ausencia más que nunca.

Mientras yacía allí, me permití imaginar cómo habría sido si ella hubiera estado allí. ¿Qué diría ella? ¿Cómo cambiaría su presencia la forma en que me sentí en ese momento? ¿Sabría exactamente qué decir para aliviar mi dolor, para hacer que la soledad se sintiera un poco menos sofocante? Me la imaginé sentada a mi lado, colocando su mano suavemente sobre mi hombro, su voz tranquila y tranquilizadora. Me permití creer, por un momento, que ella estaba allí conmigo, que de alguna manera podía escuchar los pensamientos que no podía expresar con palabras. Y entonces, algo sucedió. Una calidez se extendió a través de mí. No era solo una sensación fugaz, sino que se sentía real, tangible, como si alguien estuviera abrazándome. Se me atascó el aliento en la garganta y cerré los ojos, dejándome hundir en ese calor, en su comodidad. No lo cuestioné; no traté de explicarlo. Por primera vez en lo que me pareció una eternidad, me permití creer que tal vez, solo tal vez, mi madre estaba allí conmigo.

Esa calidez calmó el caos dentro de mi mente. Los pensamientos acelerados, las emociones abrumadoras, todo comenzó a desvanecerse, reemplazado por una quietud que no había sentido en años. Me quedé allí, envuelta en esa sensación, y por primera vez en mucho tiempo, no me sentí tan sola. Me permití aferrarme a la idea de que mi madre estaba allí, cuidándome, aunque solo fuera en espíritu. No era algo que pudiera ver o tocar, pero lo sentía, y eso era suficiente.

No luché contra el sentimiento. En cambio, dejé que me inundara, llenando los espacios vacíos dentro de mí. La tensión a la que me había estado aferrando se deshizo lentamente, y sentí que mi cuerpo se relajaba en el colchón. Mi mente, que había estado corriendo a mil por minuto, finalmente se calmó. Y en esa tranquilidad, encontré una especie de paz que no sabía que necesitaba.

Esa noche, por primera vez en lo que pareció una eternidad, me quedé dormida con facilidad, sin el peso habitual de la preocupación que me oprimía. No fue un sueño inquieto lleno de vueltas y vueltas, sino un sueño profundo y pacífico que me llevó a través de la noche. Cuando me desperté a la mañana siguiente, el calor se había ido, pero el recuerdo se quedó conmigo. Me recordó que, incluso en su ausencia, mi madre seguía siendo parte de mí. Y ese pensamiento, aunque fugaz, fue suficiente para llevarme a través de los días más difíciles que vendrían después.

Estos momentos, aunque fugaces, fueron mi forma de conectarme con mi madre. No se construyeron sobre recuerdos o experiencias compartidas, sino sobre una necesidad profunda y emocional que trascendió el tiempo y la presencia física. A menudo me preguntaba cuán diferente habría sido mi vida si ella hubiera estado allí en esos momentos, si hubiera podido compartir mis pensamientos con ella, si ella me hubiera ofrecido el consuelo que tan desesperadamente anhelaba.

Cuando llegué a la adolescencia, la necesidad de mi madre se hizo más pronunciada. Mis hermanas mayores habían sido mi sistema de apoyo, asumiendo un papel maternal cuando yo era más joven, pero con ellas viviendo sus propias vidas, a menudo me encontraba retirándome a mi propio mundo.

Mis hermanas habían tenido la suerte de pasar más tiempo con ella y, a través de sus recuerdos, pude pintar un cuadro de la mujer que había sido. Mi madre había sido una mujer fuerte, independiente, muy trabajadora. Era meticulosa en todo lo que hacía, desde la forma en que cocinaba hasta la forma en que criaba a sus hijos. Mis hermanas hablaban de ella con admiración, y yo me aferraba a sus historias, reconstruyendo a la madre que nunca tuve la oportunidad de conocer.

Una de las cosas que más me llamaba la atención era lo trabajadora que era. Todas las mañanas, mucho antes de que saliera el sol, mi madre ya se estaba atando el delantal, con las manos ya ocupadas en la carnicería. Por la tarde, cambiaba sus cuchillos por la maquinaria de la compañía algodonera, con los ojos cargados de fatiga pero con una determinación inquebrantable. Hizo todo esto mientras atendía una casa llena de niños. No fue fácil, pero lo hizo con gracia y fuerza. Al escuchar estas historias, no pude evitar sentir un sentimiento de orgullo. Mi madre había sido una mujer extraordinaria, y aunque no había tenido la oportunidad de experimentar su amor y cuidado de primera mano, sentí su influencia en mi vida.

Fue a través de esas historias que comencé a entender el legado que había dejado. Puede que no haya estado físicamente presente en mi vida, pero sus valores, su fuerza y su amor me fueron transmitidos a través de mis hermanas. Habían aprendido de ella y, a su vez, me habían transmitido esas lecciones. En muchos sentidos, la ausencia de mi madre me enseñó el valor de la resiliencia, la independencia y la búsqueda de fuerza en circunstancias difíciles.

Al reflexionar sobre mi relación con mi madre, o más bien, sobre la ausencia de esa relación, me doy cuenta de que su presencia, aunque indirecta, me moldeó de maneras profundas. Aprendí a navegar por la vida sin ella, pero al hacerlo, también aprendí a conectarme con ella a mi manera. Ya fuera a través de las historias que compartían mis hermanas o de los momentos tranquilos en los que sentía su presencia, encontré formas de mantener viva su memoria.

Por mucho que la anhelara, tuve que aceptar que mi conexión con mi madre nunca sería como la de mis amigas o incluso la de mis hermanas. Sus relaciones con sus madres se construyeron sobre la base de momentos, conversaciones y recuerdos compartidos, la mía se construyó sobre la imaginación, sobre la unión de fragmentos de otros. Fue una revelación difícil, pero también me hizo apreciar a las mujeres que estaban presentes en mi vida. Mis hermanas, a su manera, se convirtieron en figuras maternas para mí. Habían conocido a mi madre de una manera que yo nunca pude, y a través de ellas, pude vislumbrar quién había sido.

Hubo un día en particular que recuerdo vívidamente. Fue durante uno de esos momentos difíciles que atravesé que mi hermana comenzó a contarme una historia sobre nuestra madre. Había escuchado muchas historias a lo largo de los años, pero esta se sentía diferente. Me habló de cómo nuestra madre pasaba horas en la cocina, preparando cuidadosamente las comidas para la familia. Era meticulosa con su cocina, asegurándose de que todo estuviera perfecto, a pesar de que tenía muchas otras responsabilidades. Mientras mi hermana describía la forma en que nuestra madre se movía por la cocina, casi podía verla allí, con el delantal atado a la cintura, revolviendo una olla en la estufa. Fue en esos momentos, al escuchar la voz de mi hermana, cuando me sentí más cerca de mi madre.

Me di cuenta de que el amor y el cuidado de mi madre seguían presentes, aunque ella no lo estuviera. Vivieron en la forma en que mis hermanas criaron a sus propios hijos, en la forma en que me enseñaron a ser independiente y fuerte. A menudo me imaginaba cómo habría sido cocinar con ella, aprender de ella directamente, pero tenía que contentarme con lo que tenía: sus lecciones me habían sido transmitidas a través de las mujeres a las que había influido.

Una historia en particular sobre mi madre se ha quedado conmigo, aunque me llegó de segunda mano a través de mis hermanas. Cuando mi madre se mudó a los Estados Unidos, encontró una manera de ayudar a mantener a su familia haciendo y vendiendo tamales. Hacía docenas de ellos, diez o más, y los vendía a amigos, vecinos y a las tiendas familiares locales. Los dueños de la tienda la conocieron y les encantó su cocina. De esa pequeña manera, construyó una reputación para sí misma, creando un negocio a partir de su habilidad. Mis hermanas me contaban cómo mi madre siempre estaba trabajando, siempre pensando en formas de ayudar a mantener a la familia, incluso cuando el mundo a su alrededor había cambiado tan drásticamente.

Lo que es aún más notable es lo que papá encontró después de que ella falleció. Cuando mi padre estaba limpiando su lado del armario, descubrió uno de sus viejos sombreros lleno de dinero, dinero que mi madre había ahorrado vendiendo tamales. Lo había estado guardando para visitar a su madre en Guadalajara. Recuerdo haber escuchado esa historia y sentir una oleada de orgullo y tristeza a la vez. Mi madre había sido ingeniosa, trabajadora y decidida a mantenerse conectada con sus raíces, incluso mientras construía una vida en un lugar nuevo. Me hizo preguntarme qué otras historias sobre ella nunca sabría, qué otros pequeños actos de amor y resiliencia había mostrado que se habían perdido en el tiempo.

Una de las revelaciones más poderosas que tuve a medida que crecía fue que la maternidad no siempre se trata de interacciones directas. Se trata del legado que dejas atrás, de los valores que transmites, incluso si no estás allí para verlos echar raíces. El legado de mi madre perduró en todos nosotros, en la forma en que nos cuidamos unos a otros y en la fortaleza que mostramos frente a la adversidad. Aprendí que ser madre no se trata solo de estar físicamente presente, se trata del impacto que tienes y el amor que dejas atrás.

Más tarde en la vida, cuando me convertí en madre, finalmente entendí el alcance total de lo que mi madre debió haber pasado. Las noches de insomnio, las preocupaciones interminables, los constantes malabarismos con las responsabilidades, la maternidad era mucho más exigente de lo que jamás había imaginado. Y, sin embargo, también fue la experiencia más gratificante de mi vida. Sosteniendo a mis hijos en mis brazos, sentí una profunda conexión con mi adolescencia, cuando me sentía especialmente perdida y desconectada.

La conexión con mi madre trascendió el tiempo y el espacio. Sabía que en esos momentos, ella estaba conmigo, guiándome, aunque no estuviera físicamente presente.

La maternidad es algo más que mantener a los hijos. Se trata de estar ahí para ellos emocionalmente, de ofrecerles una sensación de seguridad y amor que puedan llevar consigo a lo largo de sus vidas. Se trata de transmitir valores, lecciones y tradiciones que dan forma a quienes llegan a ser. Y en ese sentido, mi madre había estado conmigo todo el tiempo. Ella había transmitido su fuerza, su resiliencia y su ética de trabajo a través de mis hermanas, y ahora era mi turno de transmitir esas cualidades a mis hijos.

Había momentos, por supuesto, en los que deseaba poder preguntarle a mi madre cómo lo había hecho todo; cómo se las había arreglado para criar a tantos hijos mientras tenía varios trabajos; cómo había encontrado la fuerza para seguir adelante cuando las cosas se ponían difíciles. Pero en ausencia de sus consejos, encontré mi propio camino. Confié en el ejemplo que ella había dado, incluso si nunca lo había presenciado de primera mano. Y al hacerlo, me di cuenta de que lo más importante que me había dado no era su presencia, sino su legado.

Me di cuenta de cuánto influirían mis propias experiencias, tanto con ella como sin ella, en la forma en que criaría a mis hijos. Quería darles el amor y la orientación que me había perdido, estar ahí para ellos de la manera en que mi madre no había podido estar allí para mí. Pero también sabía que la fuerza de mi madre era algo que quería transmitirles.

En cierto modo, mi viaje como madre se convirtió en una continuación de mi conexión con ella. Me encontré pensando en ella a menudo, especialmente en los primeros días de la maternidad, cuando todo se sentía nuevo y abrumador. Hubo momentos en los que deseé que ella estuviera allí para ofrecerme consejos o simplemente para asegurarme de que todo estaría bien. Pero incluso en su ausencia, sentí su presencia. Sabía que la fuerza que ella había transmitido a mis hermanas me la había transmitido a mí, y ahora era mi turno de transmitirla a mis propios hijos.

Pasaron los años y la vida siguió avanzando, como siempre lo hace. Fui a la universidad, comencé mi carrera y construí una vida para mí, pero siempre hubo esos momentos en los que pensaba en ella. A menudo me preguntaba cuán diferentes habrían sido las cosas si ella hubiera estado allí para presenciar esos hitos. ¿Se habría sentido orgullosa de la persona en la que me había convertido? ¿Me

PERLAS DE MAMÁ

habría guiado a través de las decisiones difíciles, los desamores y los triunfos? Estas eran preguntas para las que sabía que nunca tendría respuestas, pero persistieron de todos modos.

Sabes, a menudo les digo a mis hermanas, a pesar de que soy la más joven, si termino yéndome primero, deberían estar felices por mí, porque entonces, podré pasar más tiempo con nuestra mamá antes que ellas. Ya habían tenido su tiempo con ella, pero nunca tuve esa oportunidad. Pero ahora que tengo mis propias nietas, y mientras las tengo en mis brazos, me doy cuenta de que, a través de ellas, he cerrado el círculo. El amor que eché de menos de mi madre ahora se lo puedo dar. Y es en esos momentos, cuando veo sus manitas que me alcanzan, cuando siento la presencia de mi madre más que nunca. Tal vez nunca se fue después de todo. Por lo tanto, me quedaré aquí en la Tierra hasta que Dios diga lo contrario.

Capítulo 6
Reflexionando sobre el crecimiento

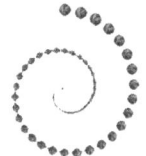

Al repasar mi vida, me he dado cuenta de que cada desafío que enfrenté y cada obstáculo que crucé me convirtió en la persona que soy hoy. No se puede negar que la vida me puso una buena cantidad de obstáculos, pero la mayor revelación fue que no tenía a nadie en quien confiar más que en mí misma. Nadie iba a tomarme de la mano ni a tomar las decisiones difíciles por mí. Era: o lo hacía, o no lo hacía. El miedo al fracaso a menudo acechaba en el fondo, pero con el tiempo, me di cuenta de que no intentarlo era mucho peor que cualquier fracaso potencial.

Cuando comparo mis experiencias con las de las personas que tenían ambos padres apoyándolos y tomando decisiones por ellos, veo la gran diferencia en nuestras vidas. No tenían que preocuparse por caerse o fallar porque tenían una red de seguridad. Yo no la tuve. Lo que fuera que iba a lograr, tenía que hacerlo realidad por mi cuenta. No había que esperar a que se presentara la siguiente oportunidad; si algo se cruzaba en mi camino, tenía que tamizarlo. A veces, no estaba segura de si era la oportunidad adecuada o no, pero sabía que no podía permitirme ser pasiva.

Recuerdo haber solicitado un trabajo tras otro, enfrentándome a un rechazo tras otro. Después de la tercera o cuarta entrevista sin éxito, la duda comenzó a aparecer. *¿Y si no era lo suficientemente buena? ¿Y si nadie viera mi potencial?* Pero en el fondo, sabía que tenía que seguir adelante. No podía dejar que esos rechazos me definieran. Tenía que creer que la oportunidad adecuada todavía estaba ahí fuera, esperando a que la encontrara. Y al final llegó. Conseguí un trabajo que era perfecto para mí. La espera y el rechazo fueron difíciles, pero cuando se abrió la puerta correcta, todo encajó. A veces, solo tienes que seguir adelante, confiando en que los contratiempos te están llevando hacia algo mejor.

También hubo momentos en los que tuve varias ofertas de trabajo y tomé la decisión equivocada. Recuerdo una ocasión en la que me ofrecieron dos puestos. Uno parecía seguro, el otro arriesgado. Elegí el seguro, solo para arrepentirme más tarde. No era satisfactorio y me di cuenta de que ir a lo seguro no siempre conducía a la satisfacción. A pesar de que me arrepentía, tomé esas experiencias como lecciones. Me enseñaron que vale la pena correr riesgos y que incluso si las cosas no funcionan, es mejor intentarlo que vivir con "qué pasaría si...".

En mi vida personal, aprendí la importancia de superar los obstáculos emocionales y cómo estos dieron forma a mi enfoque de las relaciones y la toma de decisiones. Cuando era más joven, a menudo me encontraba buscando la validación de los demás: quería escuchar a la gente decirme que estaba en el camino correcto y que estaba haciendo lo correcto. Pero a medida que crecía, me di cuenta de que no importaba la opinión de todos. Algunas personas dudaban de mí, no porque realmente creyeran que iba a fracasar, sino porque proyectaban sus propios miedos en mí. Tuve que dejar de permitir que sus dudas influyeran en mis decisiones.

Uno de los momentos cruciales de mi vida llegó cuando decidí continuar mi educación después de la escuela secundaria, una decisión que alteraría para siempre la trayectoria de mi futuro. No se trataba solo de asistir a la universidad, se trataba de salir del molde que mi familia y la sociedad me habían establecido. Mi padre no apoyó esta elección. Para él, la universidad parecía innecesaria, una distracción de la vida que él pensaba que yo debía llevar. Había visto a mis hermanas casarse jóvenes y establecerse en la vida familiar, y parecía que les iba bien sin ninguna educación superior. No veía por qué mi camino debía ser diferente. A sus ojos, debería seguir sus pasos, casarme y seguir adelante con mi vida.

Pero no quería eso para mí, todavía no. Tenía más que lograr y más que aprender antes de sentar cabeza. Estaba decidida a construir una vida que fuera más allá de lo que se esperaba de mí. Esta decisión, sin embargo, chocaba con los planes de mi padre, planes que iban mucho más allá de sus esperanzas para mí. Verás, en ese momento, mi padre también se estaba preparando para seguir adelante con su propia vida. Estaba involucrado en una relación seria con una mujer que tenía hijos propios y planeaban irse a vivir juntos. Como la hija menor que aún estaba en casa, sabía que mi decisión de quedarme y asistir a la universidad complicaba las cosas para él. No es que no le importara mi futuro, lo hacía, pero veía las cosas de manera diferente. En su mente, un título universitario no era un camino garantizado hacia el éxito, y le preocupaba que solo retrasara mi capacidad para establecerme en una vida "estable". Era un hombre práctico y, desde su perspectiva, cuanto antes pudiera encontrar mi equilibrio, mejor me iría.

Yo, por otro lado, sentía que la educación era la clave para desbloquear un futuro diferente, uno en el que pudiera tener más opciones y control sobre mi vida. No quería apresurarme en el matrimonio y la vida familiar sin antes explorar mi propio potencial. Pero expresarle esto a mi padre no fue fácil. Podía ver el conflicto en él: por un lado, quería lo que creía que era mejor para mí, pero por el otro, estaba lidiando con cómo equilibrar sus propios planes y deseos, con los míos.

Nuestras conversaciones eran difíciles y, a veces, me sentía sola en mi decisión. No estaba rechazando la vida que mi padre quería para mí, pero necesitaba que entendiera que mi camino podría ser diferente al que él había imaginado. La tensión entre nosotros no nació de ninguna falta de amor o cuidado, sino que provino de nuestras diferentes perspectivas sobre cómo eran el éxito y la felicidad. Él quería que yo estuviera segura y asentada, mientras que yo quería tener la oportunidad de perseguir algo más, incluso si eso significaba correr riesgos.

En medio de esta lucha, recurrí a mi abuela en busca de apoyo. Siempre había sido mi confidente, la persona en la que podía confiar para que me entendiera sin juzgarme. Le escribí una carta, expresando mis sentimientos, lo indecisa que me sentía entre seguir mis propios sueños y cumplir con las expectativas de mi padre. Le expliqué la situación, mi deseo de ir a la universidad y cómo temía estar interponiéndome en el camino de la nueva vida de mi padre.

Envié esa carta, con la esperanza de una respuesta que me consolara. Pero cuando llegó la carta, no estaba dirigida a mí. En cambio, mi abuela le había escrito directamente a mi padre. En su carta, no se anduvo con rodeos. Le recordó las promesas que había hecho a sus hijas, la responsabilidad que tenía de apoyarnos en nuestros sueños y búsquedas. Habló de cómo él siempre había querido lo mejor para nosotros y cómo negarme la oportunidad de ir a la universidad sería una traición a esos valores. Sus palabras fueron poderosas y tocaron la fibra sensible de él de una manera que mis propias palabras no lo habían hecho.

No pasó mucho tiempo antes de que mi padre se acercara a mí, carta en mano, con una expresión diferente en su rostro. Todavía estaba molesto, pero había algo más, algo más suave. Había leído las palabras de mi abuela y le habían hecho replantearse su posición. No se disculpó abiertamente, pero me di cuenta de que estaba empezando a entender. Él cedió, permitiéndome quedarme en la casa y continuar con mi educación. Fue una pequeña victoria, pero para mí fue monumental. Había defendido lo que quería y había ganado. Esto no fue solo una victoria para mí, fue una victoria para todas las mujeres jóvenes a las que alguna vez les habían dicho que sus sueños no eran importantes, que su valor radicaba en cumplir las expectativas de otra persona.

Ese momento marcó un punto de inflexión en mi vida. Fue la primera vez que realmente luché por algo en lo que creía, y me dio el coraje para seguir luchando por lo que quería, incluso cuando otros no lo entendían. La reticencia de mi padre no nació de la malicia, simplemente no podía ver más allá de los roles tradicionales que la sociedad había establecido para las mujeres. Pero pude. Y una vez que me di cuenta de que no tenía que ajustarme a esas expectativas, todo mi mundo se abrió. La universidad fue mi primer paso hacia un futuro que me correspondía definir, y no habría sido posible sin la intervención de mi abuela.

El viaje no fue fácil, hubo dificultades financieras, largas noches de estudio y momentos de duda, pero sabía que estaba en el camino correcto. Había elegido este camino para mí, y eso marcó la diferencia. No se trataba solo de la educación; se trataba de demostrarme a mí misma que era capaz de más de lo que nadie había esperado. Se trataba de liberarme de las limitaciones que otros habían tratado de imponerme. Esa decisión de ir a la universidad fue la primera vez que realmente asumí mi propio poder, y preparó el escenario para todo lo que vino después.

En los años que siguieron, a menudo pensaba en esa conversación con mi padre, en la carta de mi abuela que lo había cambiado todo. Me recordó que todos necesitamos a alguien a nuestro lado, alguien que crea en nosotros cuando el mundo no lo hace.

Cuando tomé la decisión de ir a la universidad, sabía que el camino por delante no sería fácil. No podía darme el lujo de simplemente presentar la solicitud y esperar a que todo encajara. La realidad de mi situación era mucho más complicada. No sabía cómo iba a cubrir los gastos. Financieramente, parecía imposible, y ni siquiera estaba segura de tener las calificaciones para ingresar a una escuela decente. Todo se sentía tan abrumador, como un lío enmarañado de preocupaciones en mi mente. La idea de la universidad estaba ahí, tan clara como el día, pero los pasos para llegar allí parecían turbios, aun en el mejor de los casos.

En ese momento, trabajaba a tiempo parcial y terminaba la escuela secundaria. Mi trabajo apenas me proporcionaba lo suficiente para cubrir mis gastos diarios, pero no para los de mi educación universitaria. No sabía por dónde empezar. ¿Necesitaría préstamos? ¿Podría incluso calificar para becas? ¿Cómo equilibraría el trabajo y la escuela? Cuanto más lo pensaba, más desalentador me parecía. Era como si mi sueño de una educación superior se me escapara de las manos antes de que tuviera la oportunidad de intentarlo.

Y luego estaban mis calificaciones. No eran terribles, pero ciertamente no eran excepcionales. La ventaja competitiva que tenían muchos de mis compañeros de clase, los estudiantes sobresalientes destinados a universidades prestigiosas, no era algo de lo que pudiera presumir. Sentía que mi expediente académico no me abriría ninguna puerta. Pero a pesar de todo eso, no podía quitarme de encima la sensación de que la universidad era donde tenía que estar. Tenía que haber una manera, aunque todavía no pudiera verla.

Un día, mientras investigaba opciones y hablaba con consejeros escolares, me enteré de algo que lo cambiaría todo: el Programa de Igualdad de Oportunidades (EOP). El programa fue diseñado para ayudar a estudiantes como yo, estudiantes de minorías que no tenían los promedios más altos, pero que mostraban potencial y un impulso para tener éxito. Como miembro de una minoría hispana, califiqué para el programa, y aunque mi promedio académico (GPA) no fue el impresionante 3.5 que requerían muchas becas, fue lo suficientemente alto como para cumplir con el umbral del EOP. Mientras mi GPA estuviera por encima de 2.5, tenía una oportunidad.

Cuando me enteré de que había clasificado, sentí que las nubes se habían separado. Era el primer atisbo de esperanza que había tenido en semanas. El EOP proporcionó ayuda financiera, que cubriría no solo mi matrícula sino también mis libros. Para alguien en mi posición, eso cambió las reglas del juego. Pero la mejor parte fue que después de cubrir todos los gastos de matrícula y libros, todavía me quedaba un poco de dinero: $ 140, para ser exactos. Ese dinero no era solo moneda; era la diferencia entre quedarme con mi auto y perderlo. Cubrió el pago de mi automóvil, asegurándose de que aún pudiera ir al trabajo, a la escuela y a cualquier otro lugar donde necesitara estar. No podía creer mi suerte.

De repente, el abrumador lío de preocupaciones en mi cabeza comenzó a despejarse. Las cosas empezaban a tener sentido y, por primera vez, vi un camino a seguir. La carga financiera que había estado pesando tanto en mi mente ya no era un obstáculo. No fue fácil de ninguna manera, todavía tenía que hacer malabarismos con el trabajo y la escuela, y sabía que el camino por delante sería largo, pero la puerta de la universidad finalmente estaba abierta y estaba lista para atravesarla.

Con la ayuda financiera asegurada y el apoyo de la EOP, me lancé a mis estudios. A pesar de que me tomó cinco años completar mi carrera, nunca me rendí. Trabajé duro, equilibrando mi trabajo a tiempo parcial con mis cursos, esforzándome por seguir adelante, incluso cuando parecía demasiado. Hubo noches y madrugadas, días en los que dudaba de mí misma y momentos en los que no estaba segura de llegar a la meta. A menudo me preguntaba qué estaba haciendo y si era capaz de llegar a donde quería estar. Viviendo en la misma casa en la que crecí, recuerdo haber pensado: *"Necesito mudarme de aquí. Aquí no es donde quiero criar una familia"*. Hubo momentos en los que estaba lista para renunciar, para rendirme y dejar que otra persona me cuidara. Estaba cansada, cansada de esforzarme tanto sin un final claro a la vista.

Además de eso, había gente a mi alrededor que también dudaba de mí. Una amiga cercana me dijo una vez que no creía que alguna vez terminaría la universidad. Me dolió escuchar eso, pero en lugar de dejar que sus palabras me derrotaran, las usé como combustible para seguir adelante. Me di cuenta de que, a veces, las personas que dudan de nosotros pueden ser tan importantes en nuestro viaje como las que nos apoyan. Sus dudas se convierten en un elemento motivador, empujándonos a demostrar que están equivocados. Eso es exactamente lo que hice.

Ahora, cuando miro hacia atrás, me sorprende cómo todo encajó. No es que fuera fácil, ni mucho menos, pero los obstáculos que había temido resultaron ser superables una vez que encontré los recursos y el apoyo adecuados. Mi mente "blanda", como la llamaba en ese entonces, había hecho que todo pareciera más complicado de lo que realmente era. Me había convencido a mí misma de que la universidad estaba fuera de mi alcance, que era demasiado difícil, demasiado cara y que estaba demasiado lejos de mi alcance. Pero una vez que di ese primer paso, todo lo demás comenzó a encajar.

Cuando me gradué, sentí una sensación de logro que iba mucho más allá del diploma que tenía en la mano. Me había demostrado a mí misma que era capaz de alcanzar mis sueños, incluso cuando las probabilidades no estaban a mi favor. Había aprendido a confiar en mis instintos, a buscar oportunidades y a nunca subestimar mi propia resiliencia. Terminar la universidad no se trataba solo de obtener un título, se trataba de descubrir de qué estaba hecha.

Esa experiencia me moldeó de maneras profundas. Me dio el coraje para seguir una carrera que me pagaría más de lo que podría pagarme un diploma de escuela secundaria, y me enseñó que cuando invierto en mí misma, los rendimientos son ilimitados. La educación que recibí no fue solo académica; se trataba de aprender a navegar por el mundo en mis propios términos. Y eso, más que nada, es lo que me dio la confianza para seguir adelante, sin importar los desafíos que se me presentaran.

SYLVIA VILLASEÑOR

Y vaya que se me presentaron. A medida que avanzaba en mi carrera, asumí roles que me permitieron mantenerme a mí misma y construir un futuro seguro. Sin embargo, como suele suceder, pronto la vida me presentó nuevas responsabilidades, que requerían no solo las habilidades que había desarrollado en la escuela y el trabajo, sino también la capacidad de equilibrar mi vida personal con mis ambiciones profesionales.

La maternidad trajo consigo una nueva serie de desafíos. Cuando nació mi hija, yo trabajaba como oficial de préstamos. Mi trabajo se basaba en comisiones, lo que significaba que si no trabajaba, no me pagaban. Estaba aterrorizada de perder mis ingresos, así que pocos días después de dar a luz, volví a trabajar. No me permití el tiempo para vincularme con mi recién nacida e hice lo mismo después de que nació mi hijo. No fue hasta años después que me di cuenta del costo emocional que había tenido, no solo para mí, sino también para mis hijos. Estaba tan concentrada en proveerles que me perdí los momentos que realmente importaban.

Mirando hacia atrás, me arrepiento de esa decisión. No lo sabía en ese momento, pero tenía un seguro que cubriría mi licencia. Si me hubiera tomado un momento para preguntar, para comprobarlo, podría haberme quedado en casa con mis bebés sin preocuparme por el dinero. Pero estaba tan atrapada en el miedo de perder mis ingresos que volví a trabajar, sin darme cuenta del costo que tendría para mi familia. Ese fue uno de los obstáculos emocionales más difíciles de superar: darme cuenta de que había sacrificado tiempo con mis hijos debido al miedo. Si pudiera volver atrás, habría hecho las cosas de otra manera. Pero he hecho las paces con esa decisión, y ahora lo compenso con mis nietos. Me tomo el tiempo para estar presente con ellos, para saborear cada momento, sabiendo lo rápido que pasan esos primeros años.

Perdonarme ese error no fue fácil, pero era necesario. Cargué con la culpa conmigo durante mucho tiempo, sintiendo que había decepcionado a mis hijos. Pero con el tiempo me di cuenta de que hice lo mejor que pude con el conocimiento y los recursos que tenía en ese momento. Perdonarme a mí misma me permitió seguir adelante y convertirme en la madre y abuela que quería ser.

Este viaje de maternidad, carrera y crecimiento personal fue uno en el que aprendí lecciones de mi pasado. Ser la menor de siete me dio la oportunidad única de aprender de las experiencias de mis hermanos mayores. Vi sus errores y aciertos, y traté de evitar las trampas que encontraron. Observé cómo navegaban por las relaciones, las opciones de carrera y las dificultades de la vida y, en muchos sentidos, me sentí afortunada de tener ese conocimiento para guiarme.

Una lección importante que aprendí fue sobre cómo elegir a la persona adecuada con la que compartir tu vida. Había visto a mis hermanos luchar en relaciones en las que no eran tratados como iguales, y sabía que no quería eso para mí. No quería una pareja que tratara de controlar todos los aspectos de mi vida o dictar mis decisiones. En cambio, quería a alguien que caminara a mi lado, alguien que me tratara como a un igual. Esa comprensión me ayudó a navegar mi propia relación con mi esposo. Hemos estado juntos durante más de 36 años, y aunque ciertamente hemos tenido nuestros desafíos, la clave de nuestra longevidad ha sido el respeto y el apoyo mutuos. Siempre ha estado ahí para mí, apoyando los cambios que he querido hacer, y aunque hemos tenido nuestra parte de discusiones —¿qué relación no las tiene?—, siempre me he sentido cómoda sabiendo que somos iguales en este viaje.

Por supuesto, argumentamos. Se intercambian palabras y, a veces, me arrepiento de las cosas que digo en el calor del momento. Pero, al final del día, es el respeto que nos tenemos el uno por el otro lo que nos hace seguir adelante. Tengo la suerte de tener una pareja que me apoya, incluso cuando no siempre estamos de acuerdo.

Sin embargo, hubo momentos en los que me sentí completamente perdida, sin saber qué dirección tomar. Pero la fe siempre ha sido una parte central de mi vida, guiándome tanto en los buenos como en los malos momentos. Y en esos momentos, me apoyé en mi fe. Creía que Dios tenía un plan para mí, incluso si no podía verlo en ese momento. Una experiencia se destaca en mi mente: cuando estaba haciendo la transición entre trabajos, insegura de lo que me deparaba el futuro. Tenía tres hijos en casa y sabía que necesitaba un trabajo que me permitiera estar más presente con ellos.

Una noche, tuve un sueño vívido que se sintió tan real que todavía perdura conmigo hasta el día de hoy. Me encontré en medio de una tormenta, el viento aullando ferozmente a mi alrededor como si pudiera destrozarme en cualquier momento. Aguas oscuras y caudalosas brotaban por todas partes, la corriente era implacable y salvaje. Las olas rompían contra mí, su frío y despiadado agarre me hundía. Luché por mantenerme a flote, jadeando mientras me revolcaba, buscando desesperadamente algo a lo que agarrarme. Mis brazos se agitaban en la oscuridad, tratando de agarrar la rama de un árbol o cualquier tierra firme, pero no había nada. Solo las poderosas aguas arremolinadas que amenazaban con arrastrarme.

El cielo estaba lleno de nubes de tormenta, negras y opresivas, que se arremolinaban como un vórtice furioso. La lluvia caía implacable, empapándome hasta los huesos, nublando mi visión mientras luchaba por mantener la cabeza por encima de la superficie. Mi corazón se aceleró y el miedo apretó mi pecho. No tenía ni idea de a dónde acudir; ninguna dirección parecía segura, y ninguna escapatoria estaba a la vista.

Justo cuando pensaba que la tormenta me iba a tragar por completo, algo cambió. Las nubes oscuras comenzaron a separarse y un rayo de luz rompió el caos. Era como si los cielos se hubieran abierto, y en ese momento, todo pareció detenerse. El viento rugiente se calmó, las aguas embravecidas se calmaron y la lluvia se suavizó hasta convertirse en una suave llovizna.

De esa luz, escuché una voz, una voz serena y tranquilizadora que atravesaba la tormenta con una sensación de paz que no había sentido en mucho tiempo. No era ruidosa ni imponente, pero era inconfundiblemente poderosa. La voz simplemente me dijo: "Estoy orgulloso de ti. Todo va a estar bien". Y en ese instante, todo el miedo y la ansiedad se desvanecieron. La tormenta que se había sentido tan abrumadora ya no tenía poder sobre mí. En cambio, sentí que una profunda sensación de calma me inundaba, como si las aguas mismas hubieran soltado su agarre, y ahora me llevaran suavemente a un lugar seguro.

Cuando desperté de ese sueño, la sensación de paz se quedó conmigo. Era más que un simple sueño, era un mensaje, una señal de que no estaba sola en esta lucha, de que había un plan para mí, aunque todavía no pudiera verlo. Ese sueño me dio la fuerza que necesitaba para seguir adelante, para confiar en que Dios tenía un plan para mí y que solo necesitaba tener fe.

Poco después, se presentó una oportunidad de la manera más inesperada. Encontré un trabajo en un call center a solo cinco minutos de mi casa, algo que se ajustaba perfectamente a las necesidades de mi familia y las mías. No fue la lucha tormentosa que había estado esperando; en cambio, era la calma después de la tormenta, un lugar donde podía trabajar y aún estar presente para mi familia. Permanecí en ese trabajo durante diez años, y trajo estabilidad y paz a mi vida durante el tiempo que más lo necesitaba.

Cuando reflexiono sobre en quién me he convertido hoy, creo que mi yo más joven estaría asombrada. Hubo una época en la que estaba asustada todo el tiempo, dudando si podría manejar lo que la vida me arrojaba. Si pudiera volver a encontrarme con esa joven, le daría un gran abrazo y le diría que lo hizo bien. Le diría que, a pesar del miedo y la duda, tenía la fuerza para seguir adelante. Creo que estaría orgullosa de mí. No se habría imaginado la fuerza y la resistencia que he desarrollado, pero le recordaría que todo el tiempo estuvo dentro de ella.

PERLAS DE MAMÁ

Y aunque esa versión más joven de mí se maravillaría de la fuerza que he construido, hay formas en las que he crecido que otros podrían no ver de inmediato, pero que son profundamente significativas para mí. La vida tiene una forma de ponerte en tu lugar. Cuando experimentas lo suficiente, especialmente como padre, comienzas a ver las cosas de manera diferente. Solía mirar a otros padres y juzgarlos, criticando la forma en que criaban a sus hijos cuando las cosas no iban bien. Pensaba: "Eso nunca pasaría con mis hijos". Pero la vida tiene una manera de demostrar que estás equivocado. Como madre, me he enfrentado a mis propios desafíos, especialmente con mi hija, y me encontré en las mismas situaciones por las que una vez había juzgado a los demás.

Me hizo sentir humilde. Me enseñó que nadie tiene todas las respuestas, y que todos hacemos lo mejor que podemos. Tener mis propias luchas con mis hijos me hizo aceptar y perdonar más, no solo a los demás, sino a mí misma. Me di cuenta de que el duro juicio que una vez emití no era útil, era un reflejo de mi falta de comprensión. Ahora, soy más paciente y compasiva, dispuesta a ayudar a mis hijos a encontrar el camino de regreso cuando se desvían del rumbo, en lugar de alejarlos o renunciar a ellos. Aprendí a no seguir el enfoque rígido de echar a alguien cuando flaquea, sino a mantenerlo cerca, ayudándolo a reconstruirse y volver a encarrilarse.

Ese crecimiento, aprender a ser más tolerante, indulgente y paciente, ha sido uno de los cambios más profundos de mi vida. Me ha hecho humilde de maneras que nunca esperé y me ha convertido en una mejor persona. Y creo que eso es lo que hace la vida. No solo te hace más fuerte, sino que te enseña compasión, humildad y comprensión. Y por eso, estoy profundamente agradecida.

PERLAS DE MAMÁ

Capítulo 7
El amor como fuerza guía

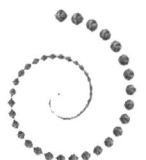

El amor siempre ha sido una fuerza silenciosa en mi vida, dando forma a mis decisiones y relaciones de maneras que a menudo no me daba cuenta en ese momento. Es como una corriente constante que te guía, incluso cuando no estás completamente seguro de hacia dónde te diriges. No hay un gran aviso cuando el amor interviene, simplemente aparece, haciendo notar su presencia en momentos de sacrificio, paciencia y crecimiento. Ahora, mirando hacia atrás, puedo ver cómo el amor ha influido en mi vida de maneras profundas pero simples, en momentos tanto significativos como pequeños.

Cuando me jubilé, pensé que sería el comienzo de un capítulo más tranquilo en mi vida, un momento para disfrutar de las cosas por las que había trabajado tan duro: algunos viajes, momentos de ocio, un descanso de las constantes exigencias de la vida laboral. Pero luego, como suele suceder en la vida, las cosas cambiaron. Mi hijo y mi nuera necesitaban ayuda con sus dos hijas mientras trabajaban durante el día, y antes de que me diera cuenta, mis días estaban llenos de los sonidos de las risas infantiles, y mi tranquila jubilación se convirtió en todo lo contrario. Fue una decisión fácil de tomar, aunque tuve que renunciar a muchas cosas: la libertad financiera a la que me había acostumbrado, la capacidad de hacer las cosas por mí misma sin dudarlo. Pero el amor tiene una manera de hacer que esos sacrificios se sintieran más ligeros.

Nunca esperé que asumir este papel me enseñaría tanto. Estar con mis nietas todos los días me recordaba las alegrías que había olvidado, los placeres simples de ver la vida a través de sus ojos. Había momentos en los que echaba de menos la facilidad de tener dinero extra para gastar o la libertad de ir a donde quisiera sin preocuparme por los horarios. Pero el amor tiene una forma de reequilibrar tus prioridades, recordándote que el verdadero valor de la vida no se encuentra en las cosas, sino en las conexiones. El vínculo que he construido con mis nietas es algo que no cambiaría por nada. Es en esos momentos tranquilos cuando están sentadas en mi regazo o haciéndome mil preguntas que me doy cuenta de cómo el amor tiene una forma de guiarte exactamente a donde necesitas estar, incluso cuando no es donde pensabas que terminarías.

Hay un recuerdo de mi infancia que me ha acompañado a lo largo de los años. No lo entendí en ese momento, pero ahora lo veo tan claro. Mi padre tomó la decisión de trasladar a nuestra familia de México a los Estados Unidos. En ese momento, parecía que el mundo se estaba poniendo patas arriba. Dejaba atrás a mi abuela, a mis primos y todo lo que me era familiar. No podía entender por qué nos alejaría de la vida que conocíamos. Me pareció injusto. Pero ahora, como adulto, entiendo el amor que impulsó esa decisión.

Mi padre no solo pensaba en el presente, sino en el futuro, en las oportunidades que quería para sus hijos, en la vida mejor que creía que podríamos tener en este nuevo país. El amor, en ese momento, no era del tipo cálido y reconfortante; fue duro y doloroso. Requirió dejar atrás lo familiar por lo desconocido, sacrificando la comodidad inmediata por la ganancia a largo plazo. Eso es lo que pasa con el amor: no siempre se siente bien en el momento, pero cuando miras hacia atrás, ves cómo siempre funcionó para tu bien. Lo veo ahora en la forma en que mis propios hijos se han beneficiado de las decisiones que tomó mi padre. El amor a menudo piensa en el futuro, tomando decisiones hoy en beneficio del mañana, incluso si es difícil en el momento.

Ser madre me ha enseñado algunas de las lecciones más difíciles sobre el amor. Cuando tus hijos son pequeños, el amor se siente simple y directo. Confían en ti para todo, desde sus comidas hasta sus cuentos antes de dormir, y su amor por ti es complicado. Eres su mundo, y todo lo que haces parece tener sentido para ellos. En esos primeros años, es fácil sentir que el amor es suficiente, que tu relación con ellos se basa en este vínculo natural que requiere poco esfuerzo más allá de cuidar sus necesidades.

Pero a medida que crecen, ese vínculo cambia. De repente, el amor ya no se trata solo de cuidarlos; se trata de guiarlos, a menudo de maneras que no aprecian en ese momento. Se vuelve más complejo, especialmente cuando tienes que establecer límites o decir que no. Recuerdo tantos momentos en los que mis hijos estaban molestos conmigo, enojados incluso porque tenía que tomar decisiones con las que no estaban de acuerdo o que no entendían. Ya sea que se tratara de no permitirles ir a algún lugar, pasar tiempo con ciertos amigos o permitirse cosas que sabía que no eran buenas para ellos, a menudo me encontraba en la posición de la "chica mala".

Como padre, quieres proteger a tus hijos del mundo para que no cometan errores de los que sabes que se arrepentirán. Pero los niños no ven eso cuando están en medio de esto. Para ellos, decir que no se siente como un castigo, una limitación injusta. Y es difícil. Habría sido fácil dejar que mi propia frustración aumentara en respuesta a su ira, para responder cuando estaban siendo irrespetuosos o exigentes. Pero el amor no funciona de esa manera. El amor te enseña paciencia, incluso cuando es lo más difícil de reunir. Te enseña a dar un paso atrás, a tomar un respiro y a recordar por qué estás estableciendo esos límites en primer lugar.

Aprendí, con el tiempo, que el amor me obliga a contener mis propias emociones. Hubo muchos casos en los que quería gritar, para mostrarles lo frustrada que estaba porque no podían ver las cosas a mi manera. Pero en el fondo, sabía que eso no ayudaría. Tuve que dejar que su ira se enfriara, darles espacio y esperar el momento adecuado para explicar mi razonamiento. Hubo momentos en que tuve que recordarme a mí misma que yo era la adulta en la situación, que no podía esperar que entendieran las cosas de la manera en que yo lo hice porque simplemente no tenían la experiencia de vida. El amor, en esos momentos, significaba dejar de lado mi propia frustración y elegir mantener la calma, encontrar las palabras adecuadas cuando estaban listos para escucharlas.

Y esas palabras, las que yo esperaba —"Mamá, tenías razón"— lo significaban todo. No porque necesitara la validación, sino porque era la prueba de que el amor había hecho su trabajo. No se trataba de tener razón; se trataba de saber que las decisiones que tomaba, los límites que establecí, eran lo mejor para ellos. Mi objetivo nunca fue controlarlos o limitar sus experiencias. Era para protegerlos, para ayudarlos a navegar por un mundo que aún no podían entender completamente. El amor, en su forma más verdadera, es protector, pero también es paciente. Está dispuesto a esperar el momento adecuado para revelarse, para demostrar que las decisiones difíciles se tomaron con las mejores intenciones.

Como padre, tienes que confiar en que lo que estás haciendo es suficiente, incluso cuando sientes que estás constantemente chocando contra una pared. El amor te pide que veas el panorama general, incluso cuando tus hijos no pueden. Te pide que te mantengas firme en tus decisiones, que sepas que un día, aunque sea dentro de unos años, entenderán por qué hiciste lo que hiciste. Y esa es la parte humilde de ser padre. Es darse cuenta de que el amor no siempre se trata de resultados inmediatos. Se trata de jugar a largo plazo, confiando en que las semillas que plantas hoy se convertirán en algo significativo en el futuro.

Mirando hacia atrás, una de las formas más inesperadas en que el amor apareció en mi vida fue a través del proceso de encontrar el hogar donde todavía vivo hoy. En ese momento, se sentía como cualquier cosa menos amor. Fue un período de frustración, estrés y una buena cantidad de ira. Pero ahora, al reflexionar sobre ese momento, puedo ver cómo el amor, y tal vez incluso la guía divina, estaban trabajando detrás de escena, empujándome hacia algo mejor, algo que ni siquiera sabía que necesitaba.

La verdadera historia comenzó cuando mi hermana Jeannie, a quien le había estado alquilando una casa, vino a mí de la nada y me dijo que necesitaba recuperar su casa. Jeannie había estado viviendo en la casa que compró con su primer marido; después de su divorcio, se le concedió la propiedad total. Cuando se volvió a casar en 1988, se mudó para vivir con su nuevo esposo y sus hijos. Me mudé a su casa en septiembre de 1988 con mi esposo cuando estaba embarazada de ocho meses de Joy. Pasaron años y mis dos hijos también nacieron mientras vivíamos en esta casa. Mi familia y yo se la habíamos alquilado durante diez años. Era cómoda, me resultaba familiar y no tenía planes de mudarme a un nuevo lugar justo en medio del año escolar.

Pero la vida no siempre sigue los planes que hacemos. El segundo matrimonio de Jeannie se estaba cayendo a pedazos y necesitaba volver a su casa, la casa que yo estaba alquilando. Me pidió que me mudara, y quería que se hiciera rápido, mucho más rápido de lo que yo estaba preparada. Tenía tres hijos pequeños, una niñera que me ayudaba a manejar todo mientras trabajaba muchas horas y dos perros. La idea de desarraigar todo eso y encontrar un nuevo lugar para vivir parecía abrumadora.

Me tomó desprevenida, frustrada y, francamente, enojada. No podía entender por qué me estaba presionando tanto, por qué estaba derribando la cocina para comenzar las renovaciones antes de que yo hubiera encontrado un nuevo lugar para ir. El momento no podría haber sido peor, y me sentí acorralada. Recuerdo sentirme tan impotente, insegura de cómo iba a juntarlo todo en tan poco tiempo. No quería mudarme a cualquier lugar; necesitaba un hogar, no solo una solución temporal. Pero sentía que las necesidades de Jeannie estaban eclipsando las mías, y había poco que pudiera hacer al respecto.

Aun así, sin otra opción, empecé a buscar una nueva casa. Fue durante este tiempo que sucedió algo extraño, algo que no podía ver como una bendición en ese momento. Mientras buscaba, me encontré con una casa en un vecindario que no había considerado antes. No estaba en mi radar y, en circunstancias normales, no creo que ni siquiera se me hubiera ocurrido mirar allí. Pero cuando lo encontré, algo hizo clic. No era solo una casa; se sentía bien de una manera que no podía explicar.

La casa era propiedad de una mujer que tenía varias propiedades, y el mercado inmobiliario había sufrido una recesión, lo que le dificultaba la administración de todas ellas. Tenía dos hipotecas sobre esta casa en particular, y los inquilinos anteriores a mí, no habían sido precisamente inquilinos ideales. A los vecinos no les gustaban las fiestas salvajes que habían estado ocurriendo allí, y ella estaba ansiosa por tener una familia en la casa, alguien que cuidara de la propiedad y el vecindario.

PERLAS DE MAMÁ

Cuando pregunté sobre el alquiler, el proceso avanzó tan rápido que me dio vueltas la cabeza. La propietaria corrió mi crédito y todo salió perfectamente. Me ofreció un contrato de arrendamiento de seis meses con opción a compra, que era más de lo que esperaba. Nunca había considerado ser propietaria de una casa en ese momento, pero de repente se convirtió en una posibilidad. No solo eso, sino que incluso me pidió que eligiera baldosas nuevas e hiciera cambios en la casa, tratándome como si ya fuera la propietaria antes de firmar el contrato de arrendamiento.

Nos mudamos con los niños y mi niñera, agradecidos de haber encontrado un lugar tan rápido. Y solo 30 días después de mudarnos, todo encajó. El oficial de préstamos de la propietaria se puso en contacto conmigo y presenté mi solicitud de préstamo. Para mi sorpresa, la propietaria pagó todo: la tasación y los costos de cierre. No tuve que poner un solo centavo. En el lapso de un mes, pasé de ser una inquilina, sintiéndome estresada y abrumada por la repentina necesidad de mudarme, a convertirme en propietaria de una casa. Era como si el universo hubiera conspirado para hacer que esta transición fuera lo más suave posible, aunque, en ese momento, parecía cualquier cosa menos suave.

Fue entonces cuando me di cuenta de algo profundo. esta casa, esta nueva vida con la que me había tropezado, era un regalo. Era amor de una forma que no había reconocido al principio. No fue el amor suave y reconfortante al que estaba acostumbrada, fue el amor el que me sacó de mi zona de confort, me obligó a enfrentar la incertidumbre y me guio hacia algo mejor. Si Jeannie no hubiera necesitado su casa de vuelta tan repentinamente, tal vez nunca habría encontrado este lugar. Es posible que todavía estuviera viviendo allí, pagando el alquiler y sintiéndome segura, pero sin avanzar realmente.

Pero el amor, a su manera misteriosa, tenía otros planes para mí. Me guio a este hogar donde crecieron mis hijos, donde creamos recuerdos que durarían toda la vida. Y, quizás lo más importante, me mostró que a veces las cosas que pensamos que son interrupciones, los momentos que se sienten injustos o abrumadores, son en realidad oportunidades disfrazadas. Son amor, trabajan detrás de escena, nos empujan hacia lo que realmente necesitamos.

La escuela primaria a la que asistían mis hijos estaba a media cuadra de nuestro nuevo hogar. Era perfecto: seguro, cercano y exactamente el tipo de entorno que quería para ellos. Antes, había estado enviando a mis hijos a una escuela que estaba a varias millas de distancia, y mi niñera tenía que tomar el autobús de ida y vuelta para dejarlos y recogerlos. Ahora, todo estaba a poca distancia y no tenía que preocuparme tanto. Incluso comencé a pensar que este hogar estuvo destinado para nosotros todo el tiempo, que estábamos siendo guiados hasta aquí sin siquiera saberlo.

Esta casa ha sido nuestro hogar desde 1999, y todavía me sorprende cómo se unió todo. Lo que comenzó como una experiencia estresante y frustrante se convirtió en una de las mayores bendiciones de mi vida. Es un recordatorio de que el amor no siempre se manifiesta de la manera que esperamos. A veces, viene en forma de agitación, de cambios repentinos que nos empujan en direcciones a las que no planeábamos ir. Pero al final, el amor siempre nos guía a donde estamos destinados a estar.

Con el tiempo, he aprendido que el amor no siempre es fácil de reconocer y que los demás no siempre lo entienden. Hubo momentos con mis hermanos en los que traté de ayudar, haciendo lo que pensé que era un acto de amor, solo para que mis intenciones fueran malinterpretadas. Es doloroso sentir que lo que estás ofreciendo desde el corazón está siendo tomado de la manera equivocada. Pero me he dado cuenta de que el amor no necesita validación para ser real. Sigue siendo amor, incluso cuando no es reconocido o apreciado. No amas por el simple hecho de que te agradezcan o te comprendan. Amas porque es lo que se siente bien, porque eso es lo que el amor te pide: hacer lo que es bueno y verdadero, incluso cuando no se reconoce.

El matrimonio ha sido otro maestro en el arte del amor. Al principio, pensaba que el amor se trataba de felicidad y de cumplir las expectativas del otro. Pero con los años, aprendí que el amor es mucho más que eso. Se trata de compromiso. Hubo momentos en los que me aferraba demasiado a mis propias ideas, negándome a ver las cosas desde la perspectiva de mi esposo. Pero el amor, el amor verdadero, no exige su propio camino. Te pide que te ablandes, que escuches, que te encuentres con la otra persona a mitad de camino. Había noches en las que me había acostado en la cama, repitiendo un desacuerdo en mi cabeza, dándome cuenta de que tal vez no estaba del todo en lo cierto. Esa es la humildad que trae el amor: te enseña a dejar de lado tu orgullo, a admitir cuando estás equivocado y a crecer juntos en lugar de separarnos.

Y a veces, hay que redefinir el amor.

En las relaciones, tanto con mis hijos como con mi cónyuge, he tenido que aprender cuándo dejar ir, cuándo dar un paso atrás y permitirles tomar sus propias decisiones, incluso cuando yo no estaba de acuerdo. El amor no se trata de control, se trata de permitir que los demás tengan espacio para crecer, cometer errores y encontrar su propio camino. Eso no es fácil, especialmente para alguien como yo que tiende a querer las cosas de cierta manera. Pero el amor, el amor verdadero, requiere flexibilidad. Requiere que conozcas a las personas donde están, no donde quieres que estén.

Al mirar hacia atrás en todos estos momentos, veo cómo el amor me ha moldeado, cómo me ha guiado a través de algunas de las decisiones más difíciles y algunas de las más hermosas. El amor ha sido la constante, lo que ha mantenido todo unido, incluso cuando la vida parecía que se estaba desmoronando. Me ha pedido que renuncie a cosas que pensé que necesitaba, solo para mostrarme que no se trata de obtener lo que quieres, se trata de dar, sacrificarte y estar ahí para las personas que te importan, incluso cuando es difícil.

Y ese es el verdadero poder del amor: no siempre tiene sentido en el momento, pero cuando miras hacia atrás, ves que estuvo allí todo el tiempo, guiándote, moldeándote y llevándote exactamente a donde estabas destinado a estar.

Y como bien se dice,

PERLAS DE MAMÁ

"El amor no se queda ahí, como una piedra; hay que hacerlo, como el pan, rehacerlo todo el tiempo, hacerlo nuevo".

<u>Ursula K. Le Guin.</u>

Capítulo 8
Fuerza en la adversidad

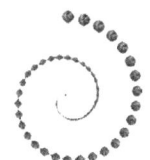

La fuerza a menudo se construye en los momentos tranquilos, esos momentos en los que te sientes solo, cuando el peso del mundo presiona sobre tus hombros y cuando nadie puede entender realmente por lo que estás pasando. En esos momentos, la resiliencia se convierte no solo en una opción, sino en un salvavidas. Mi vida ha estado llena de esos momentos, instancias en las que la fuerza y la resiliencia eran cruciales. Y es a través de estas experiencias que he llegado a comprender que la fuerza no es la ausencia de lucha, sino más bien la capacidad de levantarse frente a ella.

Uno de los desafíos más importantes en mi vida fue equilibrar las demandas de mi carrera con las necesidades de mi familia. Como madre trabajadora, hubo muchos días en los que me sentí dividida entre dos mundos: mis responsabilidades en el trabajo y mi deseo de estar ahí para mis hijos. Durante más de 14 años, nuestra niñera, María, jugó un papel fundamental en nuestras vidas. Se convirtió en una segunda madre para mis hijos, siempre ahí cuando yo no podía.

Hubo momentos en los que la culpa era abrumadora. Llegaba a casa después de un largo día de trabajo, agotada y lista para conectarme con mis hijos, pero la casa ya estaba tranquila. Los veía sentados con María, con sus rostros llenos de emoción mientras relataban los eventos de su día. Sus historias, sus triunfos, sus luchas, todo eso ya había sido compartido. Para cuando volteaban a verme, parecía que no quedaba nada. Les preguntaba: "¿Cómo estuvo tu día?" y ellos respondían con un breve "Estuvo bien, mamá", antes de volver a lo que estaban haciendo.

Me sentaba a la mesa y los veía reír con María, la mujer que se había convertido en su confidente, su compañera constante, mientras yo era la que trabajaba para mantenerlos. La distancia entre nosotros, aunque no intencional, se hacía más grande con cada día que pasaba. No eran solo las grandes cosas que me faltaban, como las obras de teatro de la escuela o las fiestas de cumpleaños, eran los pequeños momentos cotidianos los que más me afectaban. Los abrazos después de un mal día, la primera vez que aprendieron algo nuevo, o incluso las bromas tontas que nos unieron. Estos fueron los momentos que conformaron su infancia, y yo no estaba allí para experimentarlos.

Recuerdo que pensé: *¿Es así como va a ser? ¿Siempre recurrirán a ella en lugar de a mí?* Ese pensamiento me perseguía durante los momentos tranquilos en el trabajo cuando me sorprendía mirando una foto familiar en mi escritorio, preguntándome si estaba haciendo lo correcto. ¿Era mi ambición, mi necesidad de proporcionarles una vida mejor, lo que en realidad los alejaba aún más? No pude evitar cuestionarme a mí misma, sintiendo que estaba atrapada en una situación imposible en la que, sin importar lo que hiciera, estaba perdiendo algo precioso.

La culpa no era solo emocional, sino física. Pesaba sobre mí como una manta pesada, siguiéndome a todas partes. Estaba en las cenas rápidas, en los correos electrónicos de trabajo a altas horas de la noche, pero mi esposo y yo nunca nos perdíamos las conferencias de padres y maestros. Cada vez que salía corriendo por la puerta por la mañana o llegaba tarde a casa, sentía que estaba eligiendo mi carrera por encima de mis hijos. Y aunque en el fondo sabía que estaba trabajando para ellos para darles un futuro mejor, eso no detuvo las punzadas de culpa que me carcomían.

No se trataba solo de perderme sus vidas; se trataba del miedo a perder esa conexión especial que solo una madre puede tener con sus hijos. Me preguntaba si me veían como un extraño en su propia casa, alguien que estaba allí pero que no estaba realmente presente. Había noches en las que me quedaba despierta, pensando en cómo las cosas podrían haber sido diferentes. Si hubiera trabajado menos, si hubiera dedicado más tiempo a ellos, ¿habrían confiado en mí? ¿Habrían corrido a mí con sus problemas, sus sueños, sus preguntas sobre la vida?

Era una batalla constante entre mi deseo de ser una buena madre y mi necesidad de tener éxito en mi carrera. Quería tenerlo todo, pero había momentos en los que sentía que estaba fallando en ambas cosas. No era la madre que podía recoger a sus hijos de la escuela todos los días o ayudarlos con sus tareas por las tardes. En cambio, yo era la madre que llegaba tarde después de que el día ya se había desarrollado, con la esperanza de que todavía me quedara algo a lo que aferrarme.

La parte más difícil no era solo la culpa, era el miedo de que un día mis hijos ya no me necesitarían. Que habrían superado su necesidad de mi presencia, de apoyo, porque ya habían aprendido a confiar en otra persona. Temía convertirme en el extraño de sus vidas, el que siempre estaba tratando de ponerse al día, pero nunca llegaba a tiempo. Y eso, más que nada, me rompió el corazón.

Pero a pesar de lo difíciles que fueron esos momentos, sabía que no podía contener el resentimiento. La niñera no solo me ayudaba a criar a mis hijos, sino que también me apoyaba de maneras que no apreciaba del todo en ese momento. Nunca habló mal de mí frente a mis hijos, y siempre se aseguró de que entendieran que estaba trabajando duro para ellos, incluso si estaba físicamente presente. Ese tipo de lealtad y apoyo es raro, y mirando hacia atrás, me doy cuenta de lo afortunada que fui de tenerla en nuestras vidas.

Cuando María se fue, mi hijo Dean tenía 14 años y, por primera vez, tuve más oportunidades de estar con mis hijos. Al principio no fue fácil, tuve que reconstruir el vínculo que se había debilitado un poco por mi ausencia, pero el tiempo que pasamos juntos se volvió más valioso. Me di cuenta de que mis hijos entendían mucho más de lo que yo creía. Sabían que estaba trabajando para ellos y, al final, eso fortaleció nuestro vínculo.

Otra fuente de fortaleza en mi vida vino de mi padre. Era un hombre estricto, especialmente con sus hijas. Al crecer, impuso reglas y límites que, en ese momento, se sentían sofocantes. Pero a medida que he ido creciendo, he llegado a comprender que su severidad era su forma de protegernos. Quería asegurarse de que no cometiéramos los errores que había visto cometer a otros. Quería evitar que cayéramos en las trampas de las drogas, el alcohol o las malas relaciones.

En aquellos días, la palabra de mi padre era ley. Gobernaba nuestro hogar con mano firme, y su presencia proyectaba una larga sombra sobre cada decisión que tomábamos. Había reglas estrictas por las que vivíamos, y cuestionarlas no era una opción. Nos vigilaba como un halcón, siempre consciente de dónde estábamos, con quién estábamos y qué hacíamos. Parecía que tenía un instinto, una sensación tácita de cuándo estábamos a punto de salirnos de la línea, e intervenía rápidamente antes de que tuviéramos la oportunidad de cometer un error.

En ese momento, se sentía como una prisión. Mientras otros niños disfrutaban de su libertad, yendo a los bailes de la escuela, quedándose hasta tarde y experimentando con cosas que estaban fuera de nuestro alcance, a nosotros nos exigían un estándar diferente. Había muchas cosas que simplemente no se nos permitía hacer. Las pijamadas eran raras, las fiestas aún más raras, y las citas estaban completamente fuera de discusión hasta que fuimos bastante mayores. Cuando era adolescente, estaba resentida con él por eso. No podía entender por qué era tan estricto, por qué no confiaba en nosotros para tomar nuestras propias decisiones. Se sentía sofocante, como si hiciéramos lo que hiciéramos, siempre estábamos bajo su atenta mirada.

Pero ahora, con el beneficio del tiempo y la perspectiva, me doy cuenta de que no se trataba de control o desconfianza, sino de protección. Mi padre no quería que fuéramos como los niños que veía en los bailes de la escuela o en el vecindario que tomaban decisiones que podían arruinar sus vidas. Vio los peligros que nosotros no podíamos ver, el atractivo del alcohol, las drogas, las malas relaciones, y estaba decidido a mantenernos a salvo de esas tentaciones. Sabía que una decisión equivocada podría ponernos en un camino del que sería difícil regresar, y por mucho que me frustrara en ese momento, ahora entiendo que su severidad provenía de un lugar de amor.

Quería protegernos de los errores que había visto cometer a otros, de las dificultades que había experimentado o presenciado en su propia vida. En su mente, el mundo fuera de nuestro hogar estaba lleno de trampas esperando para atraparnos, y creía que era su deber como nuestro padre mantenernos en el camino correcto. No quería que fuéramos influenciados por compañeros que estaban experimentando con comportamientos peligrosos o que se estaban desviando hacia estilos de vida que podrían descarrilar nuestro futuro.

Mirando hacia atrás, puedo ver la sabiduría en su enfoque. En ese momento, no entendíamos la gravedad de las decisiones que tomaban los niños que nos rodeaban. Vimos la libertad como algo deseable, sin darnos cuenta de que con ella venían riesgos que no éramos lo suficientemente maduros para manejar. Mi padre vio el panorama general, vio las consecuencias que nosotros no podíamos ver. No estaba tratando de privarnos de la diversión o la independencia; él estaba tratando de darnos la mejor oportunidad de una buena vida. Y ahora, como mujer adulta, me doy cuenta de cuánto esfuerzo requirió eso de su parte. Debe haber sido agotador, hacer un seguimiento constante de nuestro paradero, establecer límites y reforzarlos con una consistencia inquebrantable. Pero lo hizo, día tras día, porque creía que era la única manera de mantenernos a salvo.

Y aunque no siempre lo apreciamos en ese momento, su guía nos ayudó a evitar muchas de las trampas en las que cayeron otros. Por eso, estoy profundamente agradecida. Este tipo de educación me inculcó un sentido de resiliencia. Aprendí desde el principio que la vida no siempre es justa y que, a veces, las personas que más te quieren son las que más te presionan. Pero al final, es por tu propio bien. Las exigencias de mi padre, aunque duras, dieron forma a la mujer en la que me convertiría. Me enseñaron a ser fuerte, a defenderme y a tomar las decisiones correctas, incluso cuando era difícil.

La vida tiene una forma de lanzar bolas curvas cuando menos te lo esperas. Uno de esos momentos llegó cuando el call center donde trabajé como asesora de préstamos hipotecarios durante 10 años cerró. En ese momento, se sentía como el fin del mundo. Había construido una familia de compañeros de trabajo y, de repente, me la quitaron. Recuerdo que pensé: "¿Qué voy a hacer ahora?" La incertidumbre era abrumadora y, por primera vez en mucho tiempo, me sentí realmente perdida.

Pero como con la mayoría de los desafíos en la vida, este vino con una bendición inesperada. Encontré un nuevo trabajo en Bank of America, trabajando como oficial de préstamos hipotecarios. Al principio, estaba aterrorizada. No había trabajado cara a cara con los clientes en años, y la idea de empezar de nuevo en un nuevo puesto era desalentadora. Pero di el salto, y lo que encontré fue un trabajo que no solo se adaptaba a mí, sino que también me daba más flexibilidad y satisfacción de lo que jamás imaginé.

Trabajar con clientes, especialmente en un entorno bilingüe, fue muy gratificante. Muchas de las personas a las que ayudé habían estado ahorrando durante años, sin saber si alguna vez calificarían para un préstamo hipotecario. Poder guiarlos a través del proceso y ayudarlos a alcanzar sus sueños fue increíblemente satisfactorio. Me recordó que, a veces, las cosas que más tememos resultan ser las mismas cosas que nos brindan la mayor alegría.

Mirando hacia atrás, me doy cuenta de que el cierre del call center, por devastador que pareciera en ese momento, fue una bendición disfrazada. Me obligó a salir de mi zona de confort y abrazar un nuevo capítulo en mi vida. Y al hacerlo, descubrí fortalezas que no sabía que tenía.

A través de todos los desafíos de la vida, una cosa que siempre me ha sostenido es mi fe. Hubo muchas ocasiones en las que no sabía cómo iba a salir adelante, momentos en los que el peso de la adversidad se sentía demasiado pesado para soportarlo. En esos momentos, recurrí a la oración. Pedí orientación, fuerza y la capacidad de ver la luz al final del túnel, incluso cuando todo a mi alrededor parecía oscuro.

La oración se convirtió en mi ancla durante los momentos más difíciles. No siempre era fácil encontrar el tiempo o el enfoque para sentarme y orar, especialmente cuando estaba en medio de una tormenta. Pero he aprendido que la resiliencia no significa enfrentar todo sola. Significa saber cuándo pedir ayuda, ya sea de Dios, de la familia o de los amigos.

Hubo momentos en los que no podía ver una salida, cuando las luchas se sentían insuperables. Pero cada vez, algo cambiaba. Se abriría una puerta, se presentaría una oportunidad, o simplemente, el peso se levantaría y encontraría la fuerza para seguir adelante. Creo que ese es el poder de la fe: saber que incluso cuando no puedes ver el camino, hay un poder superior que te guía.

La adversidad tiene una forma de poner a prueba las relaciones. A lo largo de los años, me he enfrentado a desafíos que han tensado mis relaciones con las personas más cercanas a mí: mi esposo, mis hermanos e incluso mis hijos. Cuando alguien a quien amas te lastima, te hiere profundamente. Te preguntas cómo pudieron decir o hacer las cosas que hicieron, y es fácil aferrarse al resentimiento.

Pero una de las lecciones más importantes que he aprendido es que el perdón es una forma de fortaleza. Guardar rencor solo te pesa, mientras que el perdón te permite seguir adelante. No siempre es fácil, y ha habido momentos en los que he tenido que alejarme, darme espacio para sanar y luego regresar cuando estaba lista.

PERLAS DE MAMÁ

Hubo momentos en los que me sentí traicionada, cuando las acciones de las personas más cercanas a mí dolían más de lo que creía posible. Pero sabía que cortarlos no era una opción. La familia es la familia, y no importa lo difíciles que se pongan las cosas, encuentras la manera de hacer que funcione. Se necesita fuerza para perdonar, para superar el dolor y para reconstruir esas relaciones.

Al reflexionar sobre los desafíos que he enfrentado, me doy cuenta de que la resiliencia no es solo algo que desarrollas por ti mismo, es algo que transmites a los demás. Ya sea a través del ejemplo que das a tus hijos, el apoyo que ofreces a tus amigos o la sabiduría que compartes con las generaciones más jóvenes: la resiliencia se convierte en un legado.

Para mí, ese legado viene de mi madre, de mi padre y de muchas personas que me han apoyado en el camino. Es el conocimiento de que no importa lo que la vida te depare, tienes la fuerza para levantarte. Y espero que a través de mi historia, los lectores encuentren la fuerza dentro de sí mismos para enfrentar sus propios desafíos, superar sus propias adversidades y construir un legado de resiliencia para aquellos que vienen después de ellos.

La vida es un mar tormentoso, impredecible e implacable, con olas que pueden moverte de un lado a otro, lo que dificulta mantener el rumbo. A veces, la marea te hunde y, por un momento, parece que nunca volverás a la superficie. Pero la resistencia, como el ancla de un barco, te mantiene firme incluso cuando las aguas están agitadas. Es esa fuerza invisible en lo profundo de tu ser lo que te impide alejarte, sin importar cuánto soplen los vientos. Es la capacidad de mantenerse firme frente a la adversidad, incluso cuando cada fibra de tu ser quiere ceder.

Al reflexionar sobre mi viaje, me he dado cuenta de que la vida no se trata de evitar las tormentas, sino de aprender a navegar a través de ellas. Hubo momentos en los que me enfrenté a dificultades que parecían insuperables. Días en los que el peso de la responsabilidad se sentía como una pesada piedra atada a mi pecho, arrastrándome a las profundidades de la culpa y la duda. Pero a través de esos momentos, descubrí algo poderoso: la fuerza no siempre es fuerte. No siempre ruge como un trueno. A veces, es tranquila. Es el susurro en el fondo de tu mente que dice: *Sigue adelante, incluso cuando no sabes cómo.*

La fuerza es a menudo como un árbol enraizado profundamente en la tierra. En la superficie, se balancea con el viento, doblándose bajo la presión de los desafíos de la vida. Pero debajo de la tierra, sus raíces son fuertes e inmóviles, y se extienden profundamente en el suelo, manteniéndolo firme contra las fuerzas que intentan arrancarlo. De la misma manera, la resiliencia es lo que nos mantiene con los pies sobre la tierra, incluso cuando la vida amenaza con derribarnos.

Una de las mayores lecciones que he aprendido es que el fracaso, la decepción y las dificultades no son callejones sin salida, sino encrucijadas. Cuando una puerta se cierra, puede parecer el final de un viaje, pero en realidad, es el comienzo de un nuevo camino. Es como caminar por un bosque y descubrir que el rastro que has estado siguiendo desaparece de repente. Al principio, entras en pánico, sin saber a dónde ir a continuación. Pero cuando miras a tu alrededor, te das cuenta de que hay muchos otros caminos que serpentean entre los árboles, esperando ser explorados.

A veces, las puertas que queremos abrir son las mismas que nos llevan por mal camino. Empujamos y empujamos, desesperados por abrirnos paso, pero hay sabiduría en las puertas que permanecen cerradas. Es la forma que tiene la vida de protegernos de los caminos que no están hechos para nosotros, tal como lo haría un guardián sabio, que sabe cuándo guiarnos a otra parte, incluso cuando estamos demasiado concentrados en lo que creemos que queremos. He aprendido que hay fuerza en aceptar cuando una puerta no está destinada a abrirse y resiliencia en confiar en que otra oportunidad está esperando a la vuelta de la esquina.

Y cuando la puerta correcta se abre, incluso si se siente desconocida o intimidante, es cuando das un paso adelante, incluso si tu corazón está lleno de miedo. La fuerza no es la ausencia de miedo, es caminar hacia adelante a pesar de él. Es como estar al borde de un precipicio, sabiendo que tienes que saltar, aunque no puedas ver el fondo. Saltas, no porque no tengas miedo, sino porque confías en que las alas que te han dado te llevarán a través de lo desconocido.

La resiliencia no se trata solo de sobrevivir a las dificultades, se trata de prosperar frente a ellas. Se trata de ver la adversidad no como un obstáculo, sino como un trampolín hacia algo más grande. Como un herrero forja hierro en el fuego, los desafíos de la vida nos moldean, refinan nuestros espíritus y nos hacen más fuertes de lo que nunca pensamos que podríamos ser.

Quiero que los lectores entiendan que cuando se enfrentan a las tormentas de la vida, está bien sentirse abrumado. Está bien sentirse perdido, asustado o incluso enojado. Pero debes saber esto: dentro de ti hay una fuerza que puede capear cualquier tormenta. A veces, no se trata de luchar contra el viento, sino de doblarse con él, dejarlo pasar y volver a levantarse una vez que la tormenta ha pasado. La fuerza es como una vela que parpadea en la oscuridad. Puede vacilar, pero nunca se apaga. Y en esos momentos de oscuridad, cuando parece que la luz se está desvaneciendo, es cuando la resiliencia interviene y mantiene viva la llama.

La parte más difícil del viaje de la vida suele ser dejar ir, dejar ir lo que pensabas que querías, el camino que pensabas que seguirías o el resultado que pensabas que estaba garantizado. Es como agarrarse a una cuerda que se desliza entre los dedos, y todos los instintos te dicen que te agarres más fuerte. Pero la verdadera fortaleza está en saber cuándo soltar y confiar en que la caída no te romperá. De hecho, podría ser lo que te haga libre.

En el corazón de este mensaje está la idea de que la resiliencia es una elección. Es una mentalidad, una decisión de seguir avanzando, incluso cuando todo dentro de ti quiere parar. Y la belleza de la resiliencia es que se fortalece con cada desafío. Al igual que un músculo que se vuelve más poderoso con el uso repetido, nuestra capacidad para resistir las dificultades de la vida aumenta cada vez que nos enfrentamos a la adversidad y nos levantamos de nuevo.

Así que, cuando la vida te derribe, y lo hará, porque nos derriba a todos en algún momento, recuerda esto: tienes la fuerza para volver a levantarte. Al igual que una semilla enterrada profundamente en la tierra, es posible que sientas que estás cubierto de oscuridad, pero ahí es donde ocurre el crecimiento. Lenta y firmemente, empujarás a través de la tierra y llegarás hacia la luz, más fuerte y resistente que antes.

Confía en el proceso. Confía en ti mismo. Y confía en que, incluso cuando el camino por delante parece incierto, tienes dentro de ti todo lo que necesitas para navegarlo. La fortaleza no se trata solo de aferrarse, se trata de saber cuándo soltar, cuándo confiar y cuándo aprovechar las nuevas oportunidades que la vida te presenta.

Capítulo 9
Transmitiendo las perlas

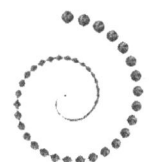

Cuando me siento aquí reflexionando sobre los años que han pasado, una lección se destaca más que cualquier otra: no estamos destinados a recorrer este viaje de la vida solos. Al igual que mi madre dejó sus perlas de sabiduría para que las continuáramos, ahora es mi responsabilidad, y la responsabilidad de cada uno de nosotros, transmitir esas lecciones a la próxima generación. Hay una belleza simple pero profunda en el acto de compartir lo que hemos aprendido, las cosas que nos han moldeado, los momentos que han puesto a prueba nuestro espíritu y las decisiones que nos llevaron a donde estamos hoy.

Transmitir estas perlas de sabiduría no es solo un regalo para los demás, es una forma de continuar el legado de aquellos que nos precedieron. La fuerza, la resistencia y el amor inquebrantable de mi madre fueron sus regalos para nosotros, y aunque su tiempo con nosotros fue demasiado corto, los valores que impartió siguen tan vívidos hoy como lo fueron hace tantos años. Las cosas sencillas que nos enseñó —el respeto por los mayores, el poder de la perseverancia y la importancia de mantener un corazón abierto— me han guiado a través de los momentos más oscuros y brillantes de mi vida. Estas perlas de sabiduría han sido transmitidas, y ahora es mi turno y el tuyo de mantener viva esa tradición.

A lo largo de los años, he tenido muchas conversaciones con mis hijos, amigos y colegas más jóvenes que buscaban orientación, y me quedó claro lo importante que es escuchar, comprender y ofrecer lo que podamos a partir de nuestras propias experiencias.

Un recuerdo que se destaca tuvo lugar cuando trabajé con un grupo de mujeres mucho más jóvenes que yo. A pesar de la diferencia de edad, nos unimos a través de nuestras experiencias compartidas. Nos sentábamos juntas en el comedor, y muchas de ellas confiaban en mí, preguntándome cómo lograba equilibrar mi vida y cómo navegaba por las complejidades de las relaciones y el trabajo. Eran mujeres de unos veinte años, que acababan de empezar sus propios viajes, mientras que yo tenía cuarenta y tantos. A pesar de la brecha generacional, nuestras conversaciones trascendieron la edad. Me veían no solo como una colega mayor, sino como alguien que había vivido lo que ellas estaban pasando.

Muchas de las jóvenes luchaban por equilibrar sus sueños personales con las expectativas de la sociedad. Un tema recurrente en nuestras conversaciones fue su deseo de tener éxito tanto en sus relaciones como en sus carreras. Estaban navegando por la misma encrucijada que yo había enfrentado décadas antes: la elección entre ser ama de casa o continuar con sus trayectorias profesionales.

Estaba feliz de compartir mis experiencias con ellas porque una vez había estado en sus zapatos. Tuve que tomar decisiones similares, y sabía lo desalentador que podía ser.

Una joven, Verónica, me confió acerca de su esposo. Él aún no había emigrado y ella estaba en el proceso de arreglar sus papeles. En ese momento, tuvo que regresar a su país de origen durante nueve meses, dejándola sola con su nuevo bebé. La tensión era palpable, y Verónica a menudo parecía abrumada, pero me di cuenta de que estaba haciendo todo lo posible para mantenerse fuerte. Nos sentamos para conversar innumerables veces, y ella compartió sus preocupaciones por estar separada de él durante tanto tiempo y los desafíos de criar a su bebé sola.

Le conté sobre las experiencias de mi propia familia con la inmigración y la separación. Había visto situaciones similares muchas veces cuando era niña, mientras veía a los miembros de la familia pasar por las mismas luchas. Le recordé que nueve meses, aunque difíciles, era un proceso estándar y que, eventualmente, el tiempo pasaría. *"Mantente fuerte, mantente enfocada y recuerda que esto es temporal",* le dije. *"Muy pronto, estarán juntos y este difícil capítulo quedará atrás".* Verónica apreciaba esas charlas, y pude ver el alivio en sus ojos cuando le aseguré que todo estaría bien. Más tarde me pidió una carta de recomendación que le proporcioné con gusto para la documentación de su esposo, sabiendo lo importante que era para su familia.

Algún tiempo después, luego de que yo dejara ese trabajo, Verónica me llamó. Me dijo que su marido por fin había vuelto, y que todo había salido tal y como yo había dicho. Fue un momento que me recordó lo significativo que es ofrecer orientación y aliento cuando otros están pasando por sus momentos más difíciles. A veces, todo lo que necesitamos es que alguien que haya pasado por eso antes nos diga que nosotros también podemos superarlo.

Siempre escuchar para entender, no solo con nuestros oídos sino con nuestros corazones. Las historias y experiencias de aquellos que han recorrido el camino antes que nosotros son invaluables. Muy a menudo, pensamos que nuestras luchas son únicas y que nadie puede entender por lo que estamos pasando. Pero la verdad es que muchos han estado en nuestros zapatos, enfrentándose a las mismas montañas que escalar, y sus ideas pueden arrojar luz sobre el camino que tenemos por delante.

Pienso en las conversaciones con mi padre, con la voz teñida del cansancio de alguien que se había enfrentado a más batallas de las que se atrevía a contar. No siempre entendí la profundidad de sus palabras en ese momento, pero mirando hacia atrás, veo cuánta sabiduría estaba tratando de impartir.

"Sé paciente", le decía. *"La vida no siempre sale según lo planeado, pero si sigues avanzando, te llevará a donde debes estar"*.

Allí estaban sus perlas, transmitidas a mí a través de tranquilos momentos de reflexión y a través de sus acciones más que de sus palabras. Cuando era niña, no siempre apreciaba lo que decía. Pero a medida que crecía, aprendí a valorar su perspectiva para buscar el conocimiento de aquellos que habían vivido sus propias pruebas.

SYLVIA VILLASEÑOR

Las vivencias de nuestros mayores no son solo historias para ser escuchadas y olvidadas. Son lecciones y tesoros que pueden guiarnos a través de nuestras propias vidas. Cuando mi hija era más pequeña, a veces me pedía consejos sobre las cosas por las que estaba pasando. *"¿Qué harías, mamá?"*, preguntaba ella. Le contaba lo que había hecho cuando me enfrentaba a situaciones similares y si había funcionado o no. A veces, ella seguía mi consejo, y otras veces, no. Pero el hecho de que me preguntara me demostró que valoraba las experiencias que había vivido.

Hubo un momento en que se sentó frente a mí, con el rostro marcado por la incertidumbre. Tenía 30 años, en ese momento crucial de la vida en el que has empezado a dar forma a tu camino, pero aún te preguntas si vas por el camino correcto. *"¿Qué debo hacer, mamá?"*, preguntó. Podía ver en sus ojos la misma mezcla de esperanza y duda que yo había llevado a su edad.

Le conté lo que mi madre había dicho una vez, la misma sabiduría transmitida de generación en generación: *"No siempre se trata de lo que crees que es la ruta más rápida. A veces, solo tienes que confiar en el proceso. No tengas miedo de cometer errores. Sea cual sea la decisión que tomes, aprenderás de ella".* Ella escuchó atentamente, asintiendo, aunque sabía que todavía lucharía con sus decisiones, como todos lo hacemos.

A veces, mis consejos resonaban con ella, y ella los seguía, encontrando el éxito o la paz. Otras veces, eligió un camino diferente, aprendiendo sus propias lecciones en el camino. Y por ese motivo estoy orgullosa de ella. Porque eso es la vida: un viaje de decisiones, de aprender cuándo escuchar y cuándo confiar en uno mismo. Las perlas de la sabiduría están ahí para guiarte, pero depende de cada persona decidir cómo aplicarlas.

Luego está mi hijo, Steven. Él también acudió a mí en un momento difícil. Estaba cambiando de carrera, sin saber si su próximo paso era el correcto. *"Mamá, tengo una oportunidad, pero no sé si es lo que realmente quiero hacer",* admitió una noche. Me di cuenta de que estaba lidiando con una decisión que parecía que podía cambiarlo todo.

Le dije: *"Steven, las oportunidades no siempre son como esperamos. Mantén tu mente abierta. Incluso si esto no es exactamente lo que planeaste, podría llevarte a un lugar mejor. No tienes que tenerlo todo resuelto ahora mismo".* Observé cómo su rostro se suavizaba de alivio. A veces, todo lo que necesitamos es escuchar que está bien no tener todas las respuestas. Luego aceptó ese trabajo y, aunque no fue el momento decisivo de su carrera que pensó que podría ser, le abrió las puertas a futuras oportunidades que no había previsto.

Es en estos momentos con mis hijos cuando me doy cuenta de lo importante que es transmitir lo que hemos aprendido. Pero transmitir sabiduría no se trata solo de decirle a alguien qué hacer, se trata de estar allí, escuchar y permitirle encontrar su propio camino, con el beneficio de su experiencia para guiarlo. Es posible que mis hijos no siempre sigan mis consejos, pero siempre saben que estoy aquí para ellos, lista para ofrecer las perlas que he recolectado a lo largo de mi vida cuando estén listos para recibirlas.

De eso se trata transmitir las perlas. Se trata de compartir lo que has aprendido, ya sea del triunfo o del fracaso, y ofrecerlo como un regalo a aquellos que vienen detrás de ti. Es posible que no siempre sigan tus consejos, y eso está bien. Pero el acto de compartir, de ser abierto y vulnerable con tus experiencias, crea un puente entre generaciones.

Las palabras son importantes, pero las acciones hablan más fuerte. no a través de conferencias, sino a través de la forma en que vivió su vida. No solo nos dijo que fuéramos fuertes; ella nos mostró cómo era la fuerza. No solo hablaba de amor; lo vivió, incluso cuando fue duro. Y al hacerlo, transmitió las perlas más importantes de todas.

Uno de los mayores desafíos de transmitir sabiduría es darse cuenta de que no se trata de obligar a alguien a aprender. Se trata de predicar con el ejemplo. Cuando vivimos con integridad, cuando encarnamos las lecciones que hemos aprendido, nos convertimos en testimonios andantes de quienes nos rodean.

A medida que envejecemos, adquirimos algo más que solo experiencia: adquirimos la responsabilidad de compartir esa experiencia con los demás. Es fácil pensar que las generaciones más jóvenes pueden no querer escuchar lo que tenemos que decir. Pueden parecer demasiado ocupados, demasiado preocupados con sus propias vidas como para preocuparse por las lecciones que hemos aprendido. Pero precisamente por eso es tan importante transmitir lo que sabemos. No compartimos nuestra sabiduría porque pensamos que tenemos todas las respuestas; la compartimos porque hemos estado donde ellos están ahora.

Lo he visto con mis propios hijos. A veces, escuchan atentamente mis historias y consejos, ansiosos por absorber las lecciones que he aprendido a lo largo de los años. Puedo ver la forma en que se inclinan, sus miradas de comprensión, como si estuvieran guardando cuidadosamente mis palabras para usarlas en el futuro. Esos momentos se sienten gratificantes, como si la sabiduría que he acumulado a lo largo de mi vida hubiera encontrado su próximo hogar. Pero también hay momentos en que mis consejos parecen caer en oídos sordos, cuando los ignoran con una sonrisa segura, creyendo que ya saben lo que es mejor. Es en estos momentos que veo la versión más joven de mí misma en ellos: testaruda, segura de que podía resolverlo por mí misma, incluso cuando la guía de aquellos que vinieron antes que yo estaba allí, lista para ser ofrecida.

Y eso está bien. Me he dado cuenta de que no todas las lecciones se pueden aprender simplemente escuchándolas. Algunas lecciones deben vivirse y experimentarse de primera mano, con todos los golpes y moretones que vienen en el camino. La vida tiene una forma de enseñarnos, incluso cuando pensamos que ya tenemos las respuestas. Mis hijos y nietos no son diferentes a mí en ese sentido. Hubo innumerables ocasiones en las que mi propia gente me ofreció orientación, y sonreí cortésmente, pensando: *"Lo haré a mi manera"*. Solo más tarde, cuando enfrenté las consecuencias de mis decisiones, comprendí el valor de lo que habían tratado de decirme.

He aprendido a ser paciente para aceptar que algunas perlas necesitan tiempo para asimilarse. La sabiduría no siempre revela su valor de inmediato. A veces, pasan años antes de que realmente entendamos el significado detrás de los consejos que nos dieron. Cuando mis hijos o nietos eligen un camino diferente al que sugerí, ya no me siento frustrada. Confío en que están recorriendo el camino que tienen que recorrer y que, con el tiempo, reflexionarán sobre nuestras conversaciones con un nuevo aprecio por lo que estaba tratando de transmitirles.

Hay una cierta humildad que viene con ver a tus seres queridos hacer su propio camino. Es un recordatorio de que no importa cuánto queramos protegerlos de los errores que hemos cometido, ellos también necesitan tropezar un poco, caer, volver a levantarse y aprender en sus propios términos. Esos son los momentos en los que las perlas de sabiduría que hemos compartido, aparentemente ignoradas al principio, de repente se vuelven relevantes. Es después de sus propias pruebas y tribulaciones que comienzan a ver el valor de las lecciones que les hemos transmitido.

Como padres y abuelos, a veces queremos envolver a nuestros seres queridos en una burbuja de protección para alejarlos del dolor y las dificultades. Pero la vida no funciona así. Algunas lecciones simplemente no se pueden enseñar solo con palabras, hay que vivirlas. Y es entonces cuando nuestros consejos vuelven a ellos. Es entonces cuando comienzan a apreciar el valor de esas perlas que hemos estado ofreciendo todo el tiempo.

Es un ciclo que he llegado a aceptar. La generación más joven necesita el espacio para explorar, para tomar sus propias decisiones y, sí, incluso para cometer sus propios errores. Pero también necesitan saber que estamos aquí para ellos, siempre, con los brazos abiertos y dispuestos a comprenderlos. Con el tiempo, regresarán, no solo para obtener más consejos, sino para tener la tranquilidad de saber que alguien ha recorrido este camino antes que ellos.

Lo he visto suceder una y otra vez. Mis nietos, tan jóvenes y vibrantes como son, a veces ignoran mis historias con una sonrisa que dice: "Lo tengo, abuela". Le devuelvo la sonrisa, sabiendo muy bien que un día recordarán nuestras conversaciones con una perspectiva diferente. Cuando se enfrenten a sus propios desafíos, tal vez una relación difícil, un revés en su carrera o las dificultades de equilibrar el trabajo y la familia, recordarán las cosas que he dicho. Tal vez no suceda de inmediato, pero eventualmente, esas perlas saldrán a la superficie. Se darán cuenta de que el consejo que les di no tenía la intención de dictar sus elecciones, sino de ofrecerles una base, una luz que los guíe cuando las cosas se pongan difíciles.

Y estaré aquí, lista para compartir más, sabiendo que la sabiduría no siempre es un regalo de una sola vez. Es algo que crece con ellos, junto con sus experiencias, y florece cuando están listos para recibirlo. Es en esos momentos en los que vuelven a mí, en busca de orientación después de haber vivido sus propias experiencias, que sé que las perlas de sabiduría que he transmitido realmente han encontrado su lugar.

Cada conversación, cada momento de guía, es como plantar una semilla. Es posible que no eche raíces de inmediato, pero con el tiempo crecerá.

Al final, este capítulo de la vida es algo más que compartir lo que sabemos. Se trata de reconocer que somos parte de algo mucho más grande que nosotros mismos. Las perlas que transmitimos hoy darán forma al futuro, al igual que las perlas que recibimos han dado forma a nuestras vidas. Y de esa manera, todos estamos conectados: pasado, presente y futuro.

Por lo tanto, te insto, querido lector, a que transmitas tus propias perlas de sabiduría. Comparte lo que has aprendido, no solo con tu familia, sino con cualquier persona que pueda beneficiarse de tu experiencia. Nunca sabes a quién puedes tocar y a quién puedes cambiar la vida simplemente ofreciendo el regalo de tu conocimiento, tu fuerza y tu amor.

PERLAS DE MAMÁ

SYLVIA VILLASEÑOR

Conclusión

C uando me siento aquí reflexionando sobre este viaje de la escritura, me doy cuenta de lo profundamente que me ha llevado de vuelta a través de mi propia vida, descubriendo lecciones y emociones que no había vuelto a visitar en años. Estas conversaciones han sacado a la luz recuerdos que pensé que había dejado atrás hace mucho tiempo y, al hacerlo, me han recordado una verdad innegable: todo lo que he pasado, todo lo bueno y lo malo, tenía un propósito. Hubo momentos en los que podría haber tomado mejores decisiones y momentos en los que mis propios errores hicieron que el camino fuera más difícil de lo necesario. Pero cuando miro hacia atrás ahora, no sería tan dura conmigo misma. Esos errores, esas luchas, dieron forma a lo que soy hoy.

Si pudiera ofrecer un último consejo para aquellos que se encuentran luchando, sería este: no dejes que tus errores te definan. Perdónate a ti mismo pronto porque la vida es demasiado corta para pasarla en el arrepentimiento. Pasé demasiado tiempo siendo dura conmigo misma, y desearía haber encontrado la fuerza antes para perdonar mis errores. Si lo hubiera hecho, habría tenido la confianza para seguir avanzando en lugar de estancarme.

La vida tiene una forma de derribarte a veces. Puede sentirse como si te estuvieran golpeando desde todas las direcciones, como un saco de boxeo sin final a la vista. Te encoges en ti mismo, sin saber a dónde acudir o cómo encontrar la fuerza para seguir adelante. Durante esos momentos, es fácil sentirse indigno de amor, sentir que no eres suficiente. Pero ahí es exactamente cuando necesitas profundizar y encontrar esa fuerza interior. Para mí, la oración siempre ha sido una parte importante de ese proceso. No en un sentido religioso, sino en una conexión profundamente personal, uno a uno, con Dios. Se trata de tener una relación, el tipo de relación en la que sabes que te aceptan sin importar los errores que hayas cometido.

Cuando miro hacia atrás, a menudo pienso en los últimos días de mi madre. Debe haber estado muy asustada, sabiendo que nos estaba dejando atrás. Solo puedo imaginar lo que pasaba por su mente mientras yacía en esa cama de hospital, sabiendo que su tiempo era corto. Éramos sus perlas, sus tesoros más preciados, y tenía que confiar en que estaríamos bien sin ella. Esa es la esencia de este libro: esas perlas de sabiduría que dejó y cómo han moldeado la vida de sus hijos y nietos. Su legado y el mío no están solo en las palabras que hemos dicho, sino en las vidas que hemos tocado en el camino.

Este libro es mi manera de dejar algo también, un mapa para que mis hijos y sus hijos lo sigan. Es un testimonio de los valores que mis padres y abuelos me inculcaron y cómo esos valores han dado forma a nuestra familia a lo largo de las generaciones. A pesar de que mis hijos y nietos crecieron en un ambiente diferente al mío, estos valores familiares han permanecido con nosotros. Creo que se transmitirán, se hablará de ellos y se compartirán con las generaciones futuras mucho después de que yo me haya ido.

Al final, este libro no es para todos. Es para aquellos que podrían encontrar sanación en sus páginas, para aquellos que están luchando, que necesitan saber que no están solos. El dolor puede ser abrumador, pero puede aliviarse cuando lo compartimos con alguien que lo entiende. Y de la misma manera, la felicidad crece cuanto más la difundimos. Escribir este libro ha sido una forma de compartir ambos: el dolor y la alegría, para que otros puedan encontrar consuelo y fuerza en sus páginas.

Este es mi legado. Estas son mis perlas. Y espero, al pasar la última página, que lleves contigo un pedacito de esta sabiduría a tu propia vida.

www.ingramcontent.com/pod-product-compliance
Lightning Source LLC
Chambersburg PA
CBHW071327120626
46546CB00002B/473